Libro di bordo del neonato

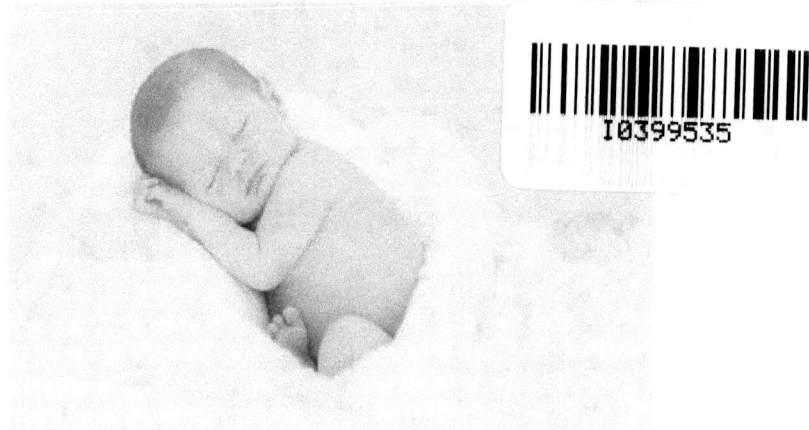

Questo libro appartiene a:

Questo libro di bordo per neonati vi aiuterà a tenere traccia della giornata del vostro bambino. Sono inclusi cambi di pannolino, orari di sonno, poppate, attività, umore del bambino, farmaci e note.

Libro di bordo del neonato

STATO D'ANIMO DEL BAMBINO 😁 ☹️ 😌 😐 😠   **DATA**

CIBO

AM			PM		
Tempo	Cibo	Importo	Tempo	Cibo	Importo
___	___	___	___	___	___
___	___	___	___	___	___
___	___	___	___	___	___
___	___	___	___	___	___
___	___	___	___	___	___

DORMIRE

AM			PM		
Inizio	Fine	Durata	Inizio	Fine	Durata
___	___	___	___	___	___
___	___	___	___	___	___
___	___	___	___	___	___
___	___	___	___	___	___

PANNOLIN

Pipì/cacca	Tempo	Pipì/cacca	Tempo
○ ○	___	○ ○	___
○ ○	___	○ ○	___
○ ○	___	○ ○	___

NOTE SULL'ATTIVITÀ

Libro di bordo del neonato

STATO D'ANIMO DEL BAMBINO 😁 ☹️ 😌 😐 😠   **DATA**

CIBO

AM			PM		
Tempo	Cibo	Importo	Tempo	Cibo	Importo
___	___	___	___	___	___
___	___	___	___	___	___
___	___	___	___	___	___
___	___	___	___	___	___
___	___	___	___	___	___
___	___	___	___	___	___

DORMIRE

AM			PM		
Inizio	Fine	Durata	Inizio	Fine	Durata
___	___	___	___	___	___
___	___	___	___	___	___
___	___	___	___	___	___
___	___	___	___	___	___
___	___	___	___	___	___

PANNOLIN

Pipì/cacca	Tempo	Pipì/cacca	Tempo
○ ○	___	○ ○	___
○ ○	___	○ ○	___
○ ○	___	○ ○	___

NOTE SULL'ATTIVITÀ

Libro di bordo del neonato

STATO D'ANIMO DEL BAMBINO 😁 ☹ 😌 😐 😠 **DATA**

CIBO

AM			PM		
Tempo	Cibo	Importo	Tempo	Cibo	Importo
___	___	___	___	___	___
___	___	___	___	___	___
___	___	___	___	___	___
___	___	___	___	___	___
___	___	___	___	___	___

DORMIRE

AM			PM		
Inizio	Fine	Durata	Inizio	Fine	Durata
___	___	___	___	___	___
___	___	___	___	___	___
___	___	___	___	___	___
___	___	___	___	___	___

PANNOLIN

Pipì/cacca	Tempo	Pipì/cacca	Tempo
○ ○	___	○ ○	___
○ ○	___	○ ○	___
○ ○	___	○ ○	___

NOTE SULL'ATTIVITÀ

Libro di bordo del neonato

STATO D'ANIMO DEL BAMBINO 😁 ☹️ 😌 😐 😠 **DATA**

CIBO

AM			PM		
Tempo	Cibo	Importo	Tempo	Cibo	Importo
___	___	___	___	___	___
___	___	___	___	___	___
___	___	___	___	___	___
___	___	___	___	___	___
___	___	___	___	___	___
___	___	___	___	___	___

DORMIRE

AM			PM		
Inizio	Fine	Durata	Inizio	Fine	Durata
___	___	___	___	___	___
___	___	___	___	___	___
___	___	___	___	___	___
___	___	___	___	___	___
___	___	___	___	___	___

PANNOLIN

Pipì/cacca	Tempo	Pipì/cacca	Tempo
○ ○	___	○ ○	___
○ ○	___	○ ○	___
○ ○	___	○ ○	___

NOTE SULL'ATTIVITÀ

Libro di bordo del neonato

STATO D'ANIMO DEL BAMBINO 😁 ☹️ 😌 😐 😠   **DATA**

CIBO

	AM			PM	
Tempo	Cibo	Importo	Tempo	Cibo	Importo
_____	_____	_____	_____	_____	_____
_____	_____	_____	_____	_____	_____
_____	_____	_____	_____	_____	_____
_____	_____	_____	_____	_____	_____
_____	_____	_____	_____	_____	_____

DORMIRE

	AM			PM	
Inizio	Fine	Durata	Inizio	Fine	Durata
_____	_____	_____	_____	_____	_____
_____	_____	_____	_____	_____	_____
_____	_____	_____	_____	_____	_____
_____	_____	_____	_____	_____	_____
_____	_____	_____	_____	_____	_____

PANNOLIN

Pipì/cacca	Tempo	Pipì/cacca	Tempo
○ ○	_____	○ ○	_____
○ ○	_____	○ ○	_____
○ ○	_____	○ ○	_____

NOTE SULL'ATTIVITÀ

Libro di bordo del neonato

STATO D'ANIMO DEL BAMBINO 😁 ☹️ 😌 😐 😠 **DATA**

CIBO

AM

Tempo	Cibo	Importo

PM

Tempo	Cibo	Importo

DORMIRE

AM

Inizio	Fine	Durata

PM

Inizio	Fine	Durata

PANNOLIN

Pipì/cacca	Tempo		Pipì/cacca	Tempo
○ ○			○ ○	
○ ○			○ ○	
○ ○			○ ○	

NOTE SULL'ATTIVITÀ

Libro di bordo del neonato

STATO D'ANIMO DEL BAMBINO 😁 ☹️ 😌 😐 😠 **DATA**

CIBO

AM			PM		
Tempo	Cibo	Importo	Tempo	Cibo	Importo
___	___	___	___	___	___
___	___	___	___	___	___
___	___	___	___	___	___
___	___	___	___	___	___
___	___	___	___	___	___
___	___	___	___	___	___

DORMIRE

AM			PM		
Inizio	Fine	Durata	Inizio	Fine	Durata
___	___	___	___	___	___
___	___	___	___	___	___
___	___	___	___	___	___
___	___	___	___	___	___

PANNOLIN

Pipì/cacca	Tempo	Pipì/cacca	Tempo
O O	___	O O	___
O O	___	O O	___
O O	___	O O	___

NOTE SULL'ATTIVITÀ

Libro di bordo del neonato

STATO D'ANIMO DEL BAMBINO 😁 ☹️ 😌 😐 😠 **DATA**

CIBO

	AM			PM	
Tempo	Cibo	Importo	Tempo	Cibo	Importo
___	___	___	___	___	___
___	___	___	___	___	___
___	___	___	___	___	___
___	___	___	___	___	___
___	___	___	___	___	___
___	___	___	___	___	___

DORMIRE

	AM			PM	
Inizio	Fine	Durata	Inizio	Fine	Durata
___	___	___	___	___	___
___	___	___	___	___	___
___	___	___	___	___	___
___	___	___	___	___	___
___	___	___	___	___	___

PANNOLIN

Pipì/cacca	Tempo	Pipì/cacca	Tempo
○ ○	___	○ ○	___
○ ○	___	○ ○	___
○ ○	___	○ ○	___

NOTE SULL'ATTIVITÀ

Libro di bordo del neonato

STATO D'ANIMO DEL BAMBINO 😁 ☹ 😌 😐 😠   **DATA** _____

CIBO

AM			PM		
Tempo	Cibo	Importo	Tempo	Cibo	Importo
_____	_____	_____	_____	_____	_____
_____	_____	_____	_____	_____	_____
_____	_____	_____	_____	_____	_____
_____	_____	_____	_____	_____	_____
_____	_____	_____	_____	_____	_____

DORMIRE

AM			PM		
Inizio	Fine	Durata	Inizio	Fine	Durata
_____	_____	_____	_____	_____	_____
_____	_____	_____	_____	_____	_____
_____	_____	_____	_____	_____	_____
_____	_____	_____	_____	_____	_____
_____	_____	_____	_____	_____	_____

PANNOLIN

Pipì/cacca	Tempo	Pipì/cacca	Tempo
○ ○	_____	○ ○	_____
○ ○	_____	○ ○	_____
○ ○	_____	○ ○	_____

NOTE SULL'ATTIVITÀ

Libro di bordo del neonato

STATO D'ANIMO DEL BAMBINO 😁 ☹️ 😌 😐 😠 **DATA**

CIBO

AM			PM		
Tempo	Cibo	Importo	Tempo	Cibo	Importo
___	___	___	___	___	___
___	___	___	___	___	___
___	___	___	___	___	___
___	___	___	___	___	___
___	___	___	___	___	___
___	___	___	___	___	___

DORMIRE

AM			PM		
Inizio	Fine	Durata	Inizio	Fine	Durata
___	___	___	___	___	___
___	___	___	___	___	___
___	___	___	___	___	___
___	___	___	___	___	___
___	___	___	___	___	___

PANNOLIN

Pipì/cacca	Tempo	Pipì/cacca	Tempo
○ ○	___	○ ○	___
○ ○	___	○ ○	___
○ ○	___	○ ○	___

NOTE SULL'ATTIVITÀ

Libro di bordo del neonato

STATO D'ANIMO DEL BAMBINO 😁 ☹️ 😌 😐 😠   **DATA**

CIBO

AM			PM		
Tempo	Cibo	Importo	Tempo	Cibo	Importo
___	___	___	___	___	___
___	___	___	___	___	___
___	___	___	___	___	___
___	___	___	___	___	___
___	___	___	___	___	___

DORMIRE

AM			PM		
Inizio	Fine	Durata	Inizio	Fine	Durata
___	___	___	___	___	___
___	___	___	___	___	___
___	___	___	___	___	___
___	___	___	___	___	___

PANNOLIN

Pipì/cacca	Tempo	Pipì/cacca	Tempo
○ ○	___	○ ○	___
○ ○	___	○ ○	___
○ ○	___	○ ○	___

NOTE SULL'ATTIVITÀ

Libro di bordo del neonato

STATO D'ANIMO DEL BAMBINO 😁 ☹️ 😌 😐 😠 **DATA**

CIBO

AM			PM		
Tempo	Cibo	Importo	Tempo	Cibo	Importo
___	___	___	___	___	___
___	___	___	___	___	___
___	___	___	___	___	___
___	___	___	___	___	___
___	___	___	___	___	___

DORMIRE

AM			PM		
Inizio	Fine	Durata	Inizio	Fine	Durata
___	___	___	___	___	___
___	___	___	___	___	___
___	___	___	___	___	___
___	___	___	___	___	___
___	___	___	___	___	___

PANNOLIN

Pipì/cacca	Tempo	Pipì/cacca	Tempo
○ ○	___	○ ○	___
○ ○	___	○ ○	___
○ ○	___	○ ○	___

NOTE SULL'ATTIVITÀ

Libro di bordo del neonato

STATO D'ANIMO DEL BAMBINO 😁 ☹️ 😌 😐 😠   **DATA**

CIBO

AM			PM		
Tempo	Cibo	Importo	Tempo	Cibo	Importo
___	___	___	___	___	___
___	___	___	___	___	___
___	___	___	___	___	___
___	___	___	___	___	___
___	___	___	___	___	___
___	___	___	___	___	___

DORMIRE

AM			PM		
Inizio	Fine	Durata	Inizio	Fine	Durata
___	___	___	___	___	___
___	___	___	___	___	___
___	___	___	___	___	___
___	___	___	___	___	___
___	___	___	___	___	___

PANNOLIN

Pipì/cacca	Tempo	Pipì/cacca	Tempo
○ ○	___	○ ○	___
○ ○	___	○ ○	___
○ ○	___	○ ○	___

NOTE SULL'ATTIVITÀ

Libro di bordo del neonato

STATO D'ANIMO DEL BAMBINO 😁 ☹️ 😌 😐 😠 **DATA**

CIBO

	AM			PM	
Tempo	Cibo	Importo	Tempo	Cibo	Importo
____	____	____	____	____	____
____	____	____	____	____	____
____	____	____	____	____	____
____	____	____	____	____	____
____	____	____	____	____	____
____	____	____	____	____	____

DORMIRE

	AM			PM	
Inizio	Fine	Durata	Inizio	Fine	Durata
____	____	____	____	____	____
____	____	____	____	____	____
____	____	____	____	____	____
____	____	____	____	____	____
____	____	____	____	____	____

PANNOLIN

Pipì/cacca	Tempo	Pipì/cacca	Tempo
○ ○	____	○ ○	____
○ ○	____	○ ○	____
○ ○	____	○ ○	____

NOTE SULL'ATTIVITÀ

Libro di bordo del neonato

STATO D'ANIMO DEL BAMBINO 😁 ☹️ 😌 😐 😠   **DATA**

CIBO

AM			PM		
Tempo	Cibo	Importo	Tempo	Cibo	Importo
___	___	___	___	___	___
___	___	___	___	___	___
___	___	___	___	___	___
___	___	___	___	___	___
___	___	___	___	___	___

DORMIRE

AM			PM		
Inizio	Fine	Durata	Inizio	Fine	Durata
___	___	___	___	___	___
___	___	___	___	___	___
___	___	___	___	___	___
___	___	___	___	___	___
___	___	___	___	___	___

PANNOLIN

Pipì/cacca	Tempo	Pipì/cacca	Tempo
○ ○	___	○ ○	___
○ ○	___	○ ○	___
○ ○	___	○ ○	___

NOTE SULL'ATTIVITÀ

Libro di bordo del neonato

STATO D'ANIMO DEL BAMBINO 😁 ☹️ 😌 😐 😠   **DATA**

CIBO

AM			PM		
Tempo	Cibo	Importo	Tempo	Cibo	Importo
___	___	___	___	___	___
___	___	___	___	___	___
___	___	___	___	___	___
___	___	___	___	___	___
___	___	___	___	___	___
___	___	___	___	___	___

DORMIRE

AM			PM		
Inizio	Fine	Durata	Inizio	Fine	Durata
___	___	___	___	___	___
___	___	___	___	___	___
___	___	___	___	___	___
___	___	___	___	___	___
___	___	___	___	___	___

PANNOLIN

Pipì/cacca Tempo   Pipì/cacca Tempo
○ ○ _____   ○ ○ _____
○ ○ _____   ○ ○ _____
○ ○ _____   ○ ○ _____

NOTE SULL'ATTIVITÀ

Libro di bordo del neonato

STATO D'ANIMO DEL BAMBINO 😁 ☹️ 😌 😐 😠   **DATA** _____

CIBO

AM			PM		
Tempo	Cibo	Importo	Tempo	Cibo	Importo
___	___	___	___	___	___
___	___	___	___	___	___
___	___	___	___	___	___
___	___	___	___	___	___
___	___	___	___	___	___

DORMIRE

AM			PM		
Inizio	Fine	Durata	Inizio	Fine	Durata
___	___	___	___	___	___
___	___	___	___	___	___
___	___	___	___	___	___
___	___	___	___	___	___

PANNOLIN

Pipì/cacca	Tempo	Pipì/cacca	Tempo
○ ○	___	○ ○	___
○ ○	___	○ ○	___
○ ○	___	○ ○	___

NOTE SULL'ATTIVITÀ

_____
_____
_____
_____
_____

Libro di bordo del neonato

STATO D'ANIMO DEL BAMBINO 😁 ☹️ 😌 😐 😠 **DATA** _____

CIBO

AM			PM		
Tempo	Cibo	Importo	Tempo	Cibo	Importo
_____	_____	_____	_____	_____	_____
_____	_____	_____	_____	_____	_____
_____	_____	_____	_____	_____	_____
_____	_____	_____	_____	_____	_____
_____	_____	_____	_____	_____	_____

DORMIRE

AM			PM		
Inizio	Fine	Durata	Inizio	Fine	Durata
_____	_____	_____	_____	_____	_____
_____	_____	_____	_____	_____	_____
_____	_____	_____	_____	_____	_____
_____	_____	_____	_____	_____	_____
_____	_____	_____	_____	_____	_____

PANNOLIN

Pipì/cacca	Tempo	Pipì/cacca	Tempo
○ ○	_____	○ ○	_____
○ ○	_____	○ ○	_____
○ ○	_____	○ ○	_____

NOTE SULL'ATTIVITÀ

Libro di bordo del neonato

STATO D'ANIMO DEL BAMBINO 😁 ☹️ 😌 😐 😠   **DATA** _____

CIBO

AM			PM		
Tempo	Cibo	Importo	Tempo	Cibo	Importo
_____	_____	_____	_____	_____	_____
_____	_____	_____	_____	_____	_____
_____	_____	_____	_____	_____	_____
_____	_____	_____	_____	_____	_____
_____	_____	_____	_____	_____	_____
_____	_____	_____	_____	_____	_____

DORMIRE

AM			PM		
Inizio	Fine	Durata	Inizio	Fine	Durata
_____	_____	_____	_____	_____	_____
_____	_____	_____	_____	_____	_____
_____	_____	_____	_____	_____	_____
_____	_____	_____	_____	_____	_____
_____	_____	_____	_____	_____	_____

PANNOLIN

Pipì/cacca	Tempo	Pipì/cacca	Tempo
○ ○	_____	○ ○	_____
○ ○	_____	○ ○	_____
○ ○	_____	○ ○	_____

NOTE SULL'ATTIVITÀ

_____
_____
_____
_____
_____

Libro di bordo del neonato

STATO D'ANIMO DEL BAMBINO 😁 ☹️ 😌 😐 😠 **DATA** ☐

CIBO

AM			PM		
Tempo	Cibo	Importo	Tempo	Cibo	Importo
___	___	___	___	___	___
___	___	___	___	___	___
___	___	___	___	___	___
___	___	___	___	___	___
___	___	___	___	___	___
___	___	___	___	___	___

DORMIRE

AM			PM		
Inizio	Fine	Durata	Inizio	Fine	Durata
___	___	___	___	___	___
___	___	___	___	___	___
___	___	___	___	___	___
___	___	___	___	___	___
___	___	___	___	___	___

PANNOLIN

Pipì/cacca	Tempo	Pipì/cacca	Tempo
○ ○	___	○ ○	___
○ ○	___	○ ○	___
○ ○	___	○ ○	___

NOTE SULL'ATTIVITÀ

☐

Libro di bordo del neonato

STATO D'ANIMO DEL BAMBINO 😁 ☹ 😌 😐 😠   **DATA** _____

CIBO

	AM			PM	
Tempo	Cibo	Importo	Tempo	Cibo	Importo
_____	_____	_____	_____	_____	_____
_____	_____	_____	_____	_____	_____
_____	_____	_____	_____	_____	_____
_____	_____	_____	_____	_____	_____
_____	_____	_____	_____	_____	_____

DORMIRE

	AM			PM	
Inizio	Fine	Durata	Inizio	Fine	Durata
_____	_____	_____	_____	_____	_____
_____	_____	_____	_____	_____	_____
_____	_____	_____	_____	_____	_____
_____	_____	_____	_____	_____	_____
_____	_____	_____	_____	_____	_____

PANNOLIN

Pipì/cacca	Tempo	Pipì/cacca	Tempo
○ ○	_____	○ ○	_____
○ ○	_____	○ ○	_____
○ ○	_____	○ ○	_____

NOTE SULL'ATTIVITÀ

Libro di bordo del neonato

STATO D'ANIMO DEL BAMBINO 😁 ☹️ 😌 😐 😠   **DATA**

CIBO

AM			PM		
Tempo	Cibo	Importo	Tempo	Cibo	Importo

DORMIRE

AM			PM		
Inizio	Fine	Durata	Inizio	Fine	Durata

PANNOLIN

Pipì/cacca	Tempo	Pipì/cacca	Tempo
○ ○		○ ○	
○ ○		○ ○	
○ ○		○ ○	

NOTE SULL'ATTIVITÀ

Libro di bordo del neonato

STATO D'ANIMO DEL BAMBINO 😁 ☹️ 😌 😐 😠 **DATA**

CIBO

AM			PM		
Tempo	Cibo	Importo	Tempo	Cibo	Importo
_____	_____	_____	_____	_____	_____
_____	_____	_____	_____	_____	_____
_____	_____	_____	_____	_____	_____
_____	_____	_____	_____	_____	_____
_____	_____	_____	_____	_____	_____

DORMIRE

AM			PM		
Inizio	Fine	Durata	Inizio	Fine	Durata
_____	_____	_____	_____	_____	_____
_____	_____	_____	_____	_____	_____
_____	_____	_____	_____	_____	_____
_____	_____	_____	_____	_____	_____
_____	_____	_____	_____	_____	_____

PANNOLIN

Pipì/cacca	Tempo	Pipì/cacca	Tempo
⭕ ⭕	_____	⭕ ⭕	_____
⭕ ⭕	_____	⭕ ⭕	_____
⭕ ⭕	_____	⭕ ⭕	_____

NOTE SULL'ATTIVITÀ

Libro di bordo del neonato

STATO D'ANIMO DEL BAMBINO 😁 ☹️ 😌 😐 😠 **DATA**

CIBO

AM			PM		
Tempo	Cibo	Importo	Tempo	Cibo	Importo
___	___	___	___	___	___
___	___	___	___	___	___
___	___	___	___	___	___
___	___	___	___	___	___
___	___	___	___	___	___
___	___	___	___	___	___

DORMIRE

AM			PM		
Inizio	Fine	Durata	Inizio	Fine	Durata
___	___	___	___	___	___
___	___	___	___	___	___
___	___	___	___	___	___
___	___	___	___	___	___

PANNOLIN

Pipì/cacca	Tempo	Pipì/cacca	Tempo
○ ○	___	○ ○	___
○ ○	___	○ ○	___
○ ○	___	○ ○	___

NOTE SULL'ATTIVITÀ

Libro di bordo del neonato

STATO D'ANIMO DEL BAMBINO 😁 ☹️ 😌 😐 😠   **DATA**

CIBO

AM			PM		
Tempo	Cibo	Importo	Tempo	Cibo	Importo
___	___	___	___	___	___
___	___	___	___	___	___
___	___	___	___	___	___
___	___	___	___	___	___
___	___	___	___	___	___

DORMIRE

AM			PM		
Inizio	Fine	Durata	Inizio	Fine	Durata
___	___	___	___	___	___
___	___	___	___	___	___
___	___	___	___	___	___
___	___	___	___	___	___

PANNOLIN

Pipì/cacca	Tempo	Pipì/cacca	Tempo
O O	___	O O	___
O O	___	O O	___
O O	___	O O	___

NOTE SULL'ATTIVITÀ

Libro di bordo del neonato

STATO D'ANIMO DEL BAMBINO 😁 ☹️ 😌 😐 😠   **DATA**

CIBO

AM			PM		
Tempo	Cibo	Importo	Tempo	Cibo	Importo
___	___	___	___	___	___
___	___	___	___	___	___
___	___	___	___	___	___
___	___	___	___	___	___
___	___	___	___	___	___
___	___	___	___	___	___

DORMIRE

AM			PM		
Inizio	Fine	Durata	Inizio	Fine	Durata
___	___	___	___	___	___
___	___	___	___	___	___
___	___	___	___	___	___
___	___	___	___	___	___
___	___	___	___	___	___

PANNOLIN

Pipì/cacca	Tempo	Pipì/cacca	Tempo
○ ○	___	○ ○	___
○ ○	___	○ ○	___
○ ○	___	○ ○	___

NOTE SULL'ATTIVITÀ

Libro di bordo del neonato

STATO D'ANIMO DEL BAMBINO 😁 ☹️ 😌 😐 😠   **DATA**

CIBO

AM			PM		
Tempo	Cibo	Importo	Tempo	Cibo	Importo
_____	_____	_____	_____	_____	_____
_____	_____	_____	_____	_____	_____
_____	_____	_____	_____	_____	_____
_____	_____	_____	_____	_____	_____
_____	_____	_____	_____	_____	_____

DORMIRE

AM			PM		
Inizio	Fine	Durata	Inizio	Fine	Durata
_____	_____	_____	_____	_____	_____
_____	_____	_____	_____	_____	_____
_____	_____	_____	_____	_____	_____
_____	_____	_____	_____	_____	_____
_____	_____	_____	_____	_____	_____

PANNOLIN

Pipì/cacca	Tempo	Pipì/cacca	Tempo
○ ○	_____	○ ○	_____
○ ○	_____	○ ○	_____
○ ○	_____	○ ○	_____

NOTE SULL'ATTIVITÀ

Libro di bordo del neonato

STATO D'ANIMO DEL BAMBINO 😁 ☹️ 😌 😐 😠   **DATA**

CIBO

AM

Tempo	Cibo	Importo
___	___	___
___	___	___
___	___	___
___	___	___
___	___	___
___	___	___

PM

Tempo	Cibo	Importo
___	___	___
___	___	___
___	___	___
___	___	___
___	___	___
___	___	___

DORMIRE

AM

Inizio	Fine	Durata
___	___	___
___	___	___
___	___	___
___	___	___
___	___	___

PM

Inizio	Fine	Durata
___	___	___
___	___	___
___	___	___
___	___	___
___	___	___

PANNOLIN

Pipì/cacca	Tempo	Pipì/cacca	Tempo
○ ○	___	○ ○	___
○ ○	___	○ ○	___
○ ○	___	○ ○	___

NOTE SULL'ATTIVITÀ

Libro di bordo del neonato

STATO D'ANIMO DEL BAMBINO 😁 ☹️ 😌 😐 😠 **DATA** ☐

CIBO

AM			PM		
Tempo	Cibo	Importo	Tempo	Cibo	Importo
___	___	___	___	___	___
___	___	___	___	___	___
___	___	___	___	___	___
___	___	___	___	___	___
___	___	___	___	___	___

DORMIRE

AM			PM		
Inizio	Fine	Durata	Inizio	Fine	Durata
___	___	___	___	___	___
___	___	___	___	___	___
___	___	___	___	___	___
___	___	___	___	___	___
___	___	___	___	___	___

PANNOLIN

Pipì/cacca	Tempo	Pipì/cacca	Tempo
○ ○	___	○ ○	___
○ ○	___	○ ○	___
○ ○	___	○ ○	___

NOTE SULL'ATTIVITÀ

Libro di bordo del neonato

STATO D'ANIMO DEL BAMBINO 😁 ☹️ 😌 😐 😠 **DATA**

CIBO

	AM			PM	
Tempo	Cibo	Importo	Tempo	Cibo	Importo
___	___	___	___	___	___
___	___	___	___	___	___
___	___	___	___	___	___
___	___	___	___	___	___
___	___	___	___	___	___

DORMIRE

	AM			PM	
Inizio	Fine	Durata	Inizio	Fine	Durata
___	___	___	___	___	___
___	___	___	___	___	___
___	___	___	___	___	___
___	___	___	___	___	___
___	___	___	___	___	___

PANNOLIN

Pipì/cacca	Tempo		Pipì/cacca	Tempo
○ ○	___		○ ○	___
○ ○	___		○ ○	___
○ ○	___		○ ○	___

NOTE SULL'ATTIVITÀ

Libro di bordo del neonato

STATO D'ANIMO DEL BAMBINO 😁 ☹️ 😌 😐 😠

DATA

CIBO

AM			PM		
Tempo	Cibo	Importo	Tempo	Cibo	Importo

DORMIRE

AM			PM		
Inizio	Fine	Durata	Inizio	Fine	Durata

PANNOLIN

Pipì/cacca	Tempo	Pipì/cacca	Tempo
⚪ ⚪		⚪ ⚪	
⚪ ⚪		⚪ ⚪	
⚪ ⚪		⚪ ⚪	

NOTE SULL'ATTIVITÀ

Libro di bordo del neonato

STATO D'ANIMO DEL BAMBINO 😁 ☹️ 😌 😐 😠   **DATA**

CIBO

AM				PM		
Tempo	Cibo	Importo		Tempo	Cibo	Importo
___	___	___		___	___	___
___	___	___		___	___	___
___	___	___		___	___	___
___	___	___		___	___	___
___	___	___		___	___	___
___	___	___		___	___	___

DORMIRE

AM				PM		
Inizio	Fine	Durata		Inizio	Fine	Durata
___	___	___		___	___	___
___	___	___		___	___	___
___	___	___		___	___	___
___	___	___		___	___	___
___	___	___		___	___	___

PANNOLIN

Pipì/cacca	Tempo		Pipì/cacca	Tempo
○ ○	___		○ ○	___
○ ○	___		○ ○	___
○ ○	___		○ ○	___

NOTE SULL'ATTIVITÀ

Libro di bordo del neonato

STATO D'ANIMO DEL BAMBINO 😁 ☹️ 😌 😐 😠 **DATA**

CIBO

AM			PM		
Tempo	Cibo	Importo	Tempo	Cibo	Importo
_____	_____	_____	_____	_____	_____
_____	_____	_____	_____	_____	_____
_____	_____	_____	_____	_____	_____
_____	_____	_____	_____	_____	_____
_____	_____	_____	_____	_____	_____

DORMIRE

AM			PM		
Inizio	Fine	Durata	Inizio	Fine	Durata
_____	_____	_____	_____	_____	_____
_____	_____	_____	_____	_____	_____
_____	_____	_____	_____	_____	_____
_____	_____	_____	_____	_____	_____
_____	_____	_____	_____	_____	_____

PANNOLIN

Pipì/cacca	Tempo	Pipì/cacca	Tempo
○ ○	_____	○ ○	_____
○ ○	_____	○ ○	_____
○ ○	_____	○ ○	_____

NOTE SULL'ATTIVITÀ

Libro di bordo del neonato

STATO D'ANIMO DEL BAMBINO 😁 ☹️ 😌 😐 😠 **DATA**

CIBO

AM			PM		
Tempo	Cibo	Importo	Tempo	Cibo	Importo
___	___	___	___	___	___
___	___	___	___	___	___
___	___	___	___	___	___
___	___	___	___	___	___
___	___	___	___	___	___
___	___	___	___	___	___

DORMIRE

AM			PM		
Inizio	Fine	Durata	Inizio	Fine	Durata
___	___	___	___	___	___
___	___	___	___	___	___
___	___	___	___	___	___
___	___	___	___	___	___
___	___	___	___	___	___

PANNOLIN

Pipì/cacca	Tempo	Pipì/cacca	Tempo
○ ○	___	○ ○	___
○ ○	___	○ ○	___
○ ○	___	○ ○	___

NOTE SULL'ATTIVITÀ

Libro di bordo del neonato

STATO D'ANIMO DEL BAMBINO 😁 ☹ 😌 😐 😠   **DATA**

CIBO

AM			PM		
Tempo	Cibo	Importo	Tempo	Cibo	Importo
___	___	___	___	___	___
___	___	___	___	___	___
___	___	___	___	___	___
___	___	___	___	___	___
___	___	___	___	___	___

DORMIRE

AM			PM		
Inizio	Fine	Durata	Inizio	Fine	Durata
___	___	___	___	___	___
___	___	___	___	___	___
___	___	___	___	___	___
___	___	___	___	___	___

PANNOLIN

Pipì/cacca	Tempo	Pipì/cacca	Tempo
○ ○	___	○ ○	___
○ ○	___	○ ○	___
○ ○	___	○ ○	___

NOTE SULL'ATTIVITÀ

Libro di bordo del neonato

STATO D'ANIMO DEL BAMBINO 😁 ☹️ 😌 😐 😠 **DATA**

CIBO

AM			PM		
Tempo	Cibo	Importo	Tempo	Cibo	Importo
___	___	___	___	___	___
___	___	___	___	___	___
___	___	___	___	___	___
___	___	___	___	___	___
___	___	___	___	___	___

DORMIRE

AM			PM		
Inizio	Fine	Durata	Inizio	Fine	Durata
___	___	___	___	___	___
___	___	___	___	___	___
___	___	___	___	___	___
___	___	___	___	___	___
___	___	___	___	___	___

PANNOLIN

Pipì/cacca	Tempo	Pipì/cacca	Tempo
○ ○	___	○ ○	___
○ ○	___	○ ○	___
○ ○	___	○ ○	___

NOTE SULL'ATTIVITÀ

Libro di bordo del neonato

STATO D'ANIMO DEL BAMBINO 😁 ☹️ 😌 😐 😠 **DATA**

CIBO

AM			PM		
Tempo	Cibo	Importo	Tempo	Cibo	Importo
___	___	___	___	___	___
___	___	___	___	___	___
___	___	___	___	___	___
___	___	___	___	___	___
___	___	___	___	___	___

DORMIRE

AM			PM		
Inizio	Fine	Durata	Inizio	Fine	Durata
___	___	___	___	___	___
___	___	___	___	___	___
___	___	___	___	___	___
___	___	___	___	___	___

PANNOLIN

Pipì/cacca	Tempo	Pipì/cacca	Tempo
○ ○	___	○ ○	___
○ ○	___	○ ○	___
○ ○	___	○ ○	___

NOTE SULL'ATTIVITÀ

Libro di bordo del neonato

STATO D'ANIMO DEL BAMBINO 😁 ☹️ 😌 😐 😠 **DATA**

CIBO

AM			PM		
Tempo	Cibo	Importo	Tempo	Cibo	Importo
___	___	___	___	___	___
___	___	___	___	___	___
___	___	___	___	___	___
___	___	___	___	___	___
___	___	___	___	___	___
___	___	___	___	___	___

DORMIRE

AM			PM		
Inizio	Fine	Durata	Inizio	Fine	Durata
___	___	___	___	___	___
___	___	___	___	___	___
___	___	___	___	___	___
___	___	___	___	___	___
___	___	___	___	___	___

PANNOLIN

Pipì/cacca	Tempo	Pipì/cacca	Tempo
○ ○	___	○ ○	___
○ ○	___	○ ○	___
○ ○	___	○ ○	___

NOTE SULL'ATTIVITÀ

Libro di bordo del neonato

STATO D'ANIMO DEL BAMBINO 😁 ☹️ 😌 😐 😠   **DATA**

CIBO

AM			PM		
Tempo	Cibo	Importo	Tempo	Cibo	Importo
___	___	___	___	___	___
___	___	___	___	___	___
___	___	___	___	___	___
___	___	___	___	___	___
___	___	___	___	___	___

DORMIRE

AM			PM		
Inizio	Fine	Durata	Inizio	Fine	Durata
___	___	___	___	___	___
___	___	___	___	___	___
___	___	___	___	___	___
___	___	___	___	___	___
___	___	___	___	___	___

PANNOLIN

Pipì/cacca	Tempo	Pipì/cacca	Tempo
○ ○	___	○ ○	___
○ ○	___	○ ○	___
○ ○	___	○ ○	___

NOTE SULL'ATTIVITÀ

Libro di bordo del neonato

STATO D'ANIMO DEL BAMBINO 😁 ☹️ 😌 😐 😠   **DATA**

CIBO

	AM				PM	
Tempo	Cibo	Importo	Tempo	Cibo	Importo
_____	_____	_____	_____	_____	_____
_____	_____	_____	_____	_____	_____
_____	_____	_____	_____	_____	_____
_____	_____	_____	_____	_____	_____
_____	_____	_____	_____	_____	_____
_____	_____	_____	_____	_____	_____

DORMIRE

	AM				PM	
Inizio	Fine	Durata	Inizio	Fine	Durata
_____	_____	_____	_____	_____	_____
_____	_____	_____	_____	_____	_____
_____	_____	_____	_____	_____	_____
_____	_____	_____	_____	_____	_____
_____	_____	_____	_____	_____	_____

PANNOLIN

Pipì/cacca	Tempo		Pipì/cacca	Tempo
○ ○	_____		○ ○	_____
○ ○	_____		○ ○	_____
○ ○	_____		○ ○	_____

NOTE SULL'ATTIVITÀ

Libro di bordo del neonato

STATO D'ANIMO DEL BAMBINO 😁 ☹️ 😌 😐 😠   **DATA**

CIBO

AM			PM		
Tempo	Cibo	Importo	Tempo	Cibo	Importo
_____	_____	_____	_____	_____	_____
_____	_____	_____	_____	_____	_____
_____	_____	_____	_____	_____	_____
_____	_____	_____	_____	_____	_____
_____	_____	_____	_____	_____	_____
_____	_____	_____	_____	_____	_____

DORMIRE

AM			PM		
Inizio	Fine	Durata	Inizio	Fine	Durata
_____	_____	_____	_____	_____	_____
_____	_____	_____	_____	_____	_____
_____	_____	_____	_____	_____	_____
_____	_____	_____	_____	_____	_____

PANNOLIN

Pipì/cacca	Tempo	Pipì/cacca	Tempo
○ ○	_____	○ ○	_____
○ ○	_____	○ ○	_____
○ ○	_____	○ ○	_____

NOTE SULL'ATTIVITÀ

Libro di bordo del neonato

STATO D'ANIMO DEL BAMBINO 😁 ☹️ 😌 😐 😠   **DATA**

CIBO

AM

Tempo	Cibo	Importo
___	___	___
___	___	___
___	___	___
___	___	___
___	___	___
___	___	___

PM

Tempo	Cibo	Importo
___	___	___
___	___	___
___	___	___
___	___	___
___	___	___
___	___	___

DORMIRE

AM

Inizio	Fine	Durata
___	___	___
___	___	___
___	___	___
___	___	___
___	___	___

PM

Inizio	Fine	Durata
___	___	___
___	___	___
___	___	___
___	___	___
___	___	___

PANNOLIN

Pipì/cacca	Tempo	Pipì/cacca	Tempo
○ ○	___	○ ○	___
○ ○	___	○ ○	___
○ ○	___	○ ○	___

NOTE SULL'ATTIVITÀ

Libro di bordo del neonato

STATO D'ANIMO DEL BAMBINO 😁 ☹️ 😌 😐 😠   **DATA**

CIBO

	AM			PM	
Tempo	Cibo	Importo	Tempo	Cibo	Importo
_____	_____	_____	_____	_____	_____
_____	_____	_____	_____	_____	_____
_____	_____	_____	_____	_____	_____
_____	_____	_____	_____	_____	_____
_____	_____	_____	_____	_____	_____

DORMIRE

	AM			PM	
Inizio	Fine	Durata	Inizio	Fine	Durata
_____	_____	_____	_____	_____	_____
_____	_____	_____	_____	_____	_____
_____	_____	_____	_____	_____	_____
_____	_____	_____	_____	_____	_____

PANNOLIN

Pipì/cacca	Tempo	Pipì/cacca	Tempo
○ ○	_____	○ ○	_____
○ ○	_____	○ ○	_____
○ ○	_____	○ ○	_____

NOTE SULL'ATTIVITÀ

Libro di bordo del neonato

STATO D'ANIMO DEL BAMBINO 😁 ☹️ 😌 😐 😠

DATA

CIBO

AM			PM		
Tempo	Cibo	Importo	Tempo	Cibo	Importo
___	___	___	___	___	___
___	___	___	___	___	___
___	___	___	___	___	___
___	___	___	___	___	___
___	___	___	___	___	___
___	___	___	___	___	___

DORMIRE

AM			PM		
Inizio	Fine	Durata	Inizio	Fine	Durata
___	___	___	___	___	___
___	___	___	___	___	___
___	___	___	___	___	___
___	___	___	___	___	___
___	___	___	___	___	___

PANNOLIN

Pipì/cacca	Tempo	Pipì/cacca	Tempo
○ ○	___	○ ○	___
○ ○	___	○ ○	___
○ ○	___	○ ○	___

NOTE SULL'ATTIVITÀ

Libro di bordo del neonato

STATO D'ANIMO DEL BAMBINO 😁 ☹️ 😌 😐 😠   **DATA** _____

CIBO

	AM			PM	
Tempo	Cibo	Importo	Tempo	Cibo	Importo
_____	_____	_____	_____	_____	_____
_____	_____	_____	_____	_____	_____
_____	_____	_____	_____	_____	_____
_____	_____	_____	_____	_____	_____
_____	_____	_____	_____	_____	_____

DORMIRE

	AM			PM	
Inizio	Fine	Durata	Inizio	Fine	Durata
_____	_____	_____	_____	_____	_____
_____	_____	_____	_____	_____	_____
_____	_____	_____	_____	_____	_____
_____	_____	_____	_____	_____	_____
_____	_____	_____	_____	_____	_____

PANNOLIN

Pipì/cacca	Tempo	Pipì/cacca	Tempo
○ ○	_____	○ ○	_____
○ ○	_____	○ ○	_____
○ ○	_____	○ ○	_____

NOTE SULL'ATTIVITÀ

_____

Libro di bordo del neonato

STATO D'ANIMO DEL BAMBINO 😁 ☹️ 😌 😐 😠 **DATA**

CIBO

AM			PM		
Tempo	Cibo	Importo	Tempo	Cibo	Importo
___	___	___	___	___	___
___	___	___	___	___	___
___	___	___	___	___	___
___	___	___	___	___	___
___	___	___	___	___	___
___	___	___	___	___	___

DORMIRE

AM			PM		
Inizio	Fine	Durata	Inizio	Fine	Durata
___	___	___	___	___	___
___	___	___	___	___	___
___	___	___	___	___	___
___	___	___	___	___	___
___	___	___	___	___	___

PANNOLIN

Pipì/cacca	Tempo	Pipì/cacca	Tempo
○ ○	___	○ ○	___
○ ○	___	○ ○	___
○ ○	___	○ ○	___

NOTE SULL'ATTIVITÀ

Libro di bordo del neonato

STATO D'ANIMO DEL BAMBINO 😁 ☹️ 😌 😐 😠 **DATA**

CIBO

	AM			PM	
Tempo	Cibo	Importo	Tempo	Cibo	Importo
___	___	___	___	___	___
___	___	___	___	___	___
___	___	___	___	___	___
___	___	___	___	___	___
___	___	___	___	___	___

DORMIRE

AM			PM		
Inizio	Fine	Durata	Inizio	Fine	Durata
___	___	___	___	___	___
___	___	___	___	___	___
___	___	___	___	___	___
___	___	___	___	___	___

PANNOLIN

Pipì/cacca	Tempo	Pipì/cacca	Tempo
○ ○	___	○ ○	___
○ ○	___	○ ○	___
○ ○	___	○ ○	___

NOTE SULL'ATTIVITÀ

Libro di bordo del neonato

STATO D'ANIMO DEL BAMBINO 😁 ☹️ 😌 😐 😠   **DATA**

CIBO

AM			PM		
Tempo	Cibo	Importo	Tempo	Cibo	Importo
___	___	___	___	___	___
___	___	___	___	___	___
___	___	___	___	___	___
___	___	___	___	___	___
___	___	___	___	___	___

DORMIRE

AM			PM		
Inizio	Fine	Durata	Inizio	Fine	Durata
___	___	___	___	___	___
___	___	___	___	___	___
___	___	___	___	___	___
___	___	___	___	___	___
___	___	___	___	___	___

PANNOLIN

Pipì/cacca	Tempo	Pipì/cacca	Tempo
○ ○	___	○ ○	___
○ ○	___	○ ○	___
○ ○	___	○ ○	___

NOTE SULL'ATTIVITÀ

Libro di bordo del neonato

STATO D'ANIMO DEL BAMBINO 😁 ☹ 😌 😐 😠   **DATA**

CIBO

AM			PM		
Tempo	Cibo	Importo	Tempo	Cibo	Importo
___	___	___	___	___	___
___	___	___	___	___	___
___	___	___	___	___	___
___	___	___	___	___	___
___	___	___	___	___	___
___	___	___	___	___	___

DORMIRE

AM			PM		
Inizio	Fine	Durata	Inizio	Fine	Durata
___	___	___	___	___	___
___	___	___	___	___	___
___	___	___	___	___	___
___	___	___	___	___	___
___	___	___	___	___	___

PANNOLIN

Pipì/cacca	Tempo	Pipì/cacca	Tempo
○ ○	___	○ ○	___
○ ○	___	○ ○	___
○ ○	___	○ ○	___

NOTE SULL'ATTIVITÀ

Libro di bordo del neonato

STATO D'ANIMO DEL BAMBINO 😁 ☹️ 😌 😐 😠 **DATA**

CIBO

	AM			PM	
Tempo	Cibo	Importo	Tempo	Cibo	Importo
___	___	___	___	___	___
___	___	___	___	___	___
___	___	___	___	___	___
___	___	___	___	___	___
___	___	___	___	___	___

DORMIRE

	AM			PM	
Inizio	Fine	Durata	Inizio	Fine	Durata
___	___	___	___	___	___
___	___	___	___	___	___
___	___	___	___	___	___
___	___	___	___	___	___

PANNOLIN

Pipì/cacca	Tempo	Pipì/cacca	Tempo
○ ○	___	○ ○	___
○ ○	___	○ ○	___
○ ○	___	○ ○	___

NOTE SULL'ATTIVITÀ

Libro di bordo del neonato

STATO D'ANIMO DEL BAMBINO 😁 ☹️ 😌 😐 😠 **DATA**

CIBO

AM			PM		
Tempo	Cibo	Importo	Tempo	Cibo	Importo
——	——	——	——	——	——
——	——	——	——	——	——
——	——	——	——	——	——
——	——	——	——	——	——
——	——	——	——	——	——

DORMIRE

AM			PM		
Inizio	Fine	Durata	Inizio	Fine	Durata
——	——	——	——	——	——
——	——	——	——	——	——
——	——	——	——	——	——
——	——	——	——	——	——
——	——	——	——	——	——

PANNOLIN

Pipì/cacca	Tempo	Pipì/cacca	Tempo
○ ○	——	○ ○	——
○ ○	——	○ ○	——
○ ○	——	○ ○	——

NOTE SULL'ATTIVITÀ

Libro di bordo del neonato

STATO D'ANIMO DEL BAMBINO 😁 ☹️ 😌 😐 😠 **DATA**

CIBO

AM			PM		
Tempo	Cibo	Importo	Tempo	Cibo	Importo
___	___	___	___	___	___
___	___	___	___	___	___
___	___	___	___	___	___
___	___	___	___	___	___
___	___	___	___	___	___
___	___	___	___	___	___

DORMIRE

AM			PM		
Inizio	Fine	Durata	Inizio	Fine	Durata
___	___	___	___	___	___
___	___	___	___	___	___
___	___	___	___	___	___
___	___	___	___	___	___
___	___	___	___	___	___

PANNOLIN

Pipì/cacca	Tempo	Pipì/cacca	Tempo
○ ○	___	○ ○	___
○ ○	___	○ ○	___
○ ○	___	○ ○	___

NOTE SULL'ATTIVITÀ

Libro di bordo del neonato

STATO D'ANIMO DEL BAMBINO 😁 ☹️ 😌 😐 😠 **DATA**

CIBO

AM			PM		
Tempo	Cibo	Importo	Tempo	Cibo	Importo
_____	_____	_____	_____	_____	_____
_____	_____	_____	_____	_____	_____
_____	_____	_____	_____	_____	_____
_____	_____	_____	_____	_____	_____
_____	_____	_____	_____	_____	_____

DORMIRE

AM			PM		
Inizio	Fine	Durata	Inizio	Fine	Durata
_____	_____	_____	_____	_____	_____
_____	_____	_____	_____	_____	_____
_____	_____	_____	_____	_____	_____
_____	_____	_____	_____	_____	_____

PANNOLIN

Pipì/cacca	Tempo	Pipì/cacca	Tempo
○ ○	_____	○ ○	_____
○ ○	_____	○ ○	_____
○ ○	_____	○ ○	_____

NOTE SULL'ATTIVITÀ

Libro di bordo del neonato

STATO D'ANIMO DEL BAMBINO 😁 ☹ 😌 😐 😠 **DATA**

CIBO

AM				PM		
Tempo	Cibo	Importo		Tempo	Cibo	Importo
___	___	___		___	___	___
___	___	___		___	___	___
___	___	___		___	___	___
___	___	___		___	___	___
___	___	___		___	___	___
___	___	___		___	___	___

DORMIRE

AM				PM		
Inizio	Fine	Durata		Inizio	Fine	Durata
___	___	___		___	___	___
___	___	___		___	___	___
___	___	___		___	___	___
___	___	___		___	___	___
___	___	___		___	___	___

PANNOLIN

Pipì/cacca	Tempo		Pipì/cacca	Tempo
○ ○	___		○ ○	___
○ ○	___		○ ○	___
○ ○	___		○ ○	___

NOTE SULL'ATTIVITÀ

Libro di bordo del neonato

STATO D'ANIMO DEL BAMBINO 😁 ☹ 😌 😐 😠 **DATA**

CIBO

	AM			PM	
Tempo	Cibo	Importo	Tempo	Cibo	Importo
_____	_____	_____	_____	_____	_____
_____	_____	_____	_____	_____	_____
_____	_____	_____	_____	_____	_____
_____	_____	_____	_____	_____	_____
_____	_____	_____	_____	_____	_____
_____	_____	_____	_____	_____	_____

DORMIRE

	AM			PM	
Inizio	Fine	Durata	Inizio	Fine	Durata
_____	_____	_____	_____	_____	_____
_____	_____	_____	_____	_____	_____
_____	_____	_____	_____	_____	_____
_____	_____	_____	_____	_____	_____
_____	_____	_____	_____	_____	_____

PANNOLIN

Pipì/cacca	Tempo	Pipì/cacca	Tempo
○ ○	_____	○ ○	_____
○ ○	_____	○ ○	_____
○ ○	_____	○ ○	_____

NOTE SULL'ATTIVITÀ

Libro di bordo del neonato

STATO D'ANIMO DEL BAMBINO 😁 ☹️ 😌 😐 😠   **DATA**

CIBO

AM			PM		
Tempo	Cibo	Importo	Tempo	Cibo	Importo
___	___	___	___	___	___
___	___	___	___	___	___
___	___	___	___	___	___
___	___	___	___	___	___
___	___	___	___	___	___

DORMIRE

AM			PM		
Inizio	Fine	Durata	Inizio	Fine	Durata
___	___	___	___	___	___
___	___	___	___	___	___
___	___	___	___	___	___
___	___	___	___	___	___
___	___	___	___	___	___

PANNOLIN

Pipì/cacca	Tempo	Pipì/cacca	Tempo
○ ○	___	○ ○	___
○ ○	___	○ ○	___
○ ○	___	○ ○	___

NOTE SULL'ATTIVITÀ

Libro di bordo del neonato

STATO D'ANIMO DEL BAMBINO 😁 ☹️ 😌 😐 😠   **DATA**

CIBO

AM			PM		
Tempo	Cibo	Importo	Tempo	Cibo	Importo
___	___	___	___	___	___
___	___	___	___	___	___
___	___	___	___	___	___
___	___	___	___	___	___
___	___	___	___	___	___

DORMIRE

AM			PM		
Inizio	Fine	Durata	Inizio	Fine	Durata
___	___	___	___	___	___
___	___	___	___	___	___
___	___	___	___	___	___
___	___	___	___	___	___
___	___	___	___	___	___

PANNOLIN

Pipì/cacca	Tempo	Pipì/cacca	Tempo
○ ○	___	○ ○	___
○ ○	___	○ ○	___
○ ○	___	○ ○	___

NOTE SULL'ATTIVITÀ

Libro di bordo del neonato

STATO D'ANIMO DEL BAMBINO 😁 ☹ 😌 😐 😠 **DATA** _____

CIBO

AM				PM		
Tempo	Cibo	Importo		Tempo	Cibo	Importo
___	___	___		___	___	___
___	___	___		___	___	___
___	___	___		___	___	___
___	___	___		___	___	___
___	___	___		___	___	___
___	___	___		___	___	___

DORMIRE

AM				PM		
Inizio	Fine	Durata		Inizio	Fine	Durata
___	___	___		___	___	___
___	___	___		___	___	___
___	___	___		___	___	___
___	___	___		___	___	___
___	___	___		___	___	___

PANNOLIN

Pipì/cacca	Tempo		Pipì/cacca	Tempo
○ ○	___		○ ○	___
○ ○	___		○ ○	___
○ ○	___		○ ○	___

NOTE SULL'ATTIVITÀ

Libro di bordo del neonato

STATO D'ANIMO DEL BAMBINO 😁 ☹ 😌 😐 😠 **DATA**

CIBO

AM			PM		
Tempo	Cibo	Importo	Tempo	Cibo	Importo
___	___	___	___	___	___
___	___	___	___	___	___
___	___	___	___	___	___
___	___	___	___	___	___
___	___	___	___	___	___

DORMIRE

AM			PM		
Inizio	Fine	Durata	Inizio	Fine	Durata
___	___	___	___	___	___
___	___	___	___	___	___
___	___	___	___	___	___
___	___	___	___	___	___

PANNOLIN

Pipì/cacca	Tempo	Pipì/cacca	Tempo
○ ○	___	○ ○	___
○ ○	___	○ ○	___
○ ○	___	○ ○	___

NOTE SULL'ATTIVITÀ

Libro di bordo del neonato

STATO D'ANIMO DEL BAMBINO 😁 ☹️ 😌 😐 😠 **DATA** ☐

CIBO

AM			PM		
Tempo	Cibo	Importo	Tempo	Cibo	Importo
_____	_____	_____	_____	_____	_____
_____	_____	_____	_____	_____	_____
_____	_____	_____	_____	_____	_____
_____	_____	_____	_____	_____	_____
_____	_____	_____	_____	_____	_____

DORMIRE

AM			PM		
Inizio	Fine	Durata	Inizio	Fine	Durata
_____	_____	_____	_____	_____	_____
_____	_____	_____	_____	_____	_____
_____	_____	_____	_____	_____	_____
_____	_____	_____	_____	_____	_____
_____	_____	_____	_____	_____	_____

PANNOLIN

Pipì/cacca	Tempo	Pipì/cacca	Tempo
○ ○	_____	○ ○	_____
○ ○	_____	○ ○	_____
○ ○	_____	○ ○	_____

NOTE SULL'ATTIVITÀ

Libro di bordo del neonato

STATO D'ANIMO DEL BAMBINO 😁 ☹️ 😌 😐 😠 **DATA**

CIBO

AM			PM		
Tempo	Cibo	Importo	Tempo	Cibo	Importo
___	___	___	___	___	___
___	___	___	___	___	___
___	___	___	___	___	___
___	___	___	___	___	___
___	___	___	___	___	___

DORMIRE

AM			PM		
Inizio	Fine	Durata	Inizio	Fine	Durata
___	___	___	___	___	___
___	___	___	___	___	___
___	___	___	___	___	___
___	___	___	___	___	___
___	___	___	___	___	___

PANNOLIN

Pipì/cacca	Tempo	Pipì/cacca	Tempo
○ ○	___	○ ○	___
○ ○	___	○ ○	___
○ ○	___	○ ○	___

NOTE SULL'ATTIVITÀ

Libro di bordo del neonato

STATO D'ANIMO DEL BAMBINO 😁 ☹️ 😌 😐 😠   **DATA**

CIBO

AM			PM		
Tempo	Cibo	Importo	Tempo	Cibo	Importo
___	___	___	___	___	___
___	___	___	___	___	___
___	___	___	___	___	___
___	___	___	___	___	___
___	___	___	___	___	___

DORMIRE

AM			PM		
Inizio	Fine	Durata	Inizio	Fine	Durata
___	___	___	___	___	___
___	___	___	___	___	___
___	___	___	___	___	___
___	___	___	___	___	___
___	___	___	___	___	___

PANNOLINI

Pipì/cacca	Tempo		Pipì/cacca	Tempo
○ ○	___		○ ○	___
○ ○	___		○ ○	___
○ ○	___		○ ○	___

NOTE SULL'ATTIVITÀ

Libro di bordo del neonato

STATO D'ANIMO DEL BAMBINO 😁 ☹ 😌 😐 😠   **DATA** _____

CIBO

AM			PM		
Tempo	Cibo	Importo	Tempo	Cibo	Importo
___	___	___	___	___	___
___	___	___	___	___	___
___	___	___	___	___	___
___	___	___	___	___	___
___	___	___	___	___	___

DORMIRE

AM			PM		
Inizio	Fine	Durata	Inizio	Fine	Durata
___	___	___	___	___	___
___	___	___	___	___	___
___	___	___	___	___	___
___	___	___	___	___	___

PANNOLIN

Pipì/cacca	Tempo	Pipì/cacca	Tempo
○ ○	___	○ ○	___
○ ○	___	○ ○	___
○ ○	___	○ ○	___

NOTE SULL'ATTIVITÀ

Libro di bordo del neonato

STATO D'ANIMO DEL BAMBINO 😁 ☹ 😌 😐 😠 **DATA**

CIBO

AM			PM		
Tempo	Cibo	Importo	Tempo	Cibo	Importo
———	———	———	———	———	———
———	———	———	———	———	———
———	———	———	———	———	———
———	———	———	———	———	———
———	———	———	———	———	———

DORMIRE

AM			PM		
Inizio	Fine	Durata	Inizio	Fine	Durata
———	———	———	———	———	———
———	———	———	———	———	———
———	———	———	———	———	———
———	———	———	———	———	———

PANNOLIN

Pipì/cacca	Tempo		Pipì/cacca	Tempo
○ ○	———		○ ○	———
○ ○	———		○ ○	———
○ ○	———		○ ○	———

NOTE SULL'ATTIVITÀ

Libro di bordo del neonato

STATO D'ANIMO DEL BAMBINO 😁 ☹️ 😌 😐 😠   **DATA**

CIBO

	AM			PM	
Tempo	Cibo	Importo	Tempo	Cibo	Importo
_____	_____	_____	_____	_____	_____
_____	_____	_____	_____	_____	_____
_____	_____	_____	_____	_____	_____
_____	_____	_____	_____	_____	_____
_____	_____	_____	_____	_____	_____
_____	_____	_____	_____	_____	_____

DORMIRE

	AM			PM	
Inizio	Fine	Durata	Inizio	Fine	Durata
_____	_____	_____	_____	_____	_____
_____	_____	_____	_____	_____	_____
_____	_____	_____	_____	_____	_____
_____	_____	_____	_____	_____	_____
_____	_____	_____	_____	_____	_____

PANNOLIN

Pipì/cacca	Tempo	Pipì/cacca	Tempo
○ ○	_____	○ ○	_____
○ ○	_____	○ ○	_____
○ ○	_____	○ ○	_____

NOTE SULL'ATTIVITÀ

Libro di bordo del neonato

STATO D'ANIMO DEL BAMBINO 😁 🙁 😌 😐 😠   **DATA**

CIBO

AM
Tempo	Cibo	Importo

PM
Tempo	Cibo	Importo

DORMIRE

AM
Inizio	Fine	Durata

PM
Inizio	Fine	Durata

PANNOLIN

Pipì/cacca	Tempo	Pipì/cacca	Tempo
○ ○		○ ○	
○ ○		○ ○	
○ ○		○ ○	

NOTE SULL'ATTIVITÀ

Libro di bordo del neonato

STATO D'ANIMO DEL BAMBINO 😁 ☹️ 😌 😐 😠   **DATA**

CIBO

AM			PM		
Tempo	Cibo	Importo	Tempo	Cibo	Importo
_____	_____	_____	_____	_____	_____
_____	_____	_____	_____	_____	_____
_____	_____	_____	_____	_____	_____
_____	_____	_____	_____	_____	_____
_____	_____	_____	_____	_____	_____

DORMIRE

AM			PM		
Inizio	Fine	Durata	Inizio	Fine	Durata
_____	_____	_____	_____	_____	_____
_____	_____	_____	_____	_____	_____
_____	_____	_____	_____	_____	_____
_____	_____	_____	_____	_____	_____

PANNOLIN

Pipì/cacca	Tempo	Pipì/cacca	Tempo
○ ○	_____	○ ○	_____
○ ○	_____	○ ○	_____
○ ○	_____	○ ○	_____

NOTE SULL'ATTIVITÀ

Libro di bordo del neonato

STATO D'ANIMO DEL BAMBINO 😁 ☹️ 😌 😐 😠   **DATA**

CIBO

	AM			PM	
Tempo	Cibo	Importo	Tempo	Cibo	Importo
___	___	___	___	___	___
___	___	___	___	___	___
___	___	___	___	___	___
___	___	___	___	___	___
___	___	___	___	___	___
___	___	___	___	___	___

DORMIRE

AM			PM		
Inizio	Fine	Durata	Inizio	Fine	Durata
___	___	___	___	___	___
___	___	___	___	___	___
___	___	___	___	___	___
___	___	___	___	___	___
___	___	___	___	___	___

PANNOLIN

Pipì/cacca	Tempo		Pipì/cacca	Tempo
○ ○	___		○ ○	___
○ ○	___		○ ○	___
○ ○	___		○ ○	___

NOTE SULL'ATTIVITÀ

Libro di bordo del neonato

STATO D'ANIMO DEL BAMBINO 😁 ☹️ 😌 😐 😠 **DATA**

CIBO

AM			PM		
Tempo	Cibo	Importo	Tempo	Cibo	Importo
_____	_____	_____	_____	_____	_____
_____	_____	_____	_____	_____	_____
_____	_____	_____	_____	_____	_____
_____	_____	_____	_____	_____	_____
_____	_____	_____	_____	_____	_____

DORMIRE

AM			PM		
Inizio	Fine	Durata	Inizio	Fine	Durata
_____	_____	_____	_____	_____	_____
_____	_____	_____	_____	_____	_____
_____	_____	_____	_____	_____	_____
_____	_____	_____	_____	_____	_____

PANNOLIN

Pipì/cacca	Tempo	Pipì/cacca	Tempo
○ ○	_____	○ ○	_____
○ ○	_____	○ ○	_____
○ ○	_____	○ ○	_____

NOTE SULL'ATTIVITÀ

Libro di bordo del neonato

STATO D'ANIMO DEL BAMBINO 😁 ☹️ 😌 😐 😠 **DATA** _____

CIBO

AM			PM		
Tempo	Cibo	Importo	Tempo	Cibo	Importo
___	___	___	___	___	___
___	___	___	___	___	___
___	___	___	___	___	___
___	___	___	___	___	___
___	___	___	___	___	___
___	___	___	___	___	___

DORMIRE

AM			PM		
Inizio	Fine	Durata	Inizio	Fine	Durata
___	___	___	___	___	___
___	___	___	___	___	___
___	___	___	___	___	___
___	___	___	___	___	___
___	___	___	___	___	___

PANNOLIN

Pipì/cacca	Tempo		Pipì/cacca	Tempo
○ ○	___		○ ○	___
○ ○	___		○ ○	___
○ ○	___		○ ○	___

NOTE SULL'ATTIVITÀ

_____
_____
_____
_____
_____

Libro di bordo del neonato

STATO D'ANIMO DEL BAMBINO 😁 ☹️ 😌 😐 😠

DATA

CIBO

AM			PM		
Tempo	Cibo	Importo	Tempo	Cibo	Importo
_____	_____	_____	_____	_____	_____
_____	_____	_____	_____	_____	_____
_____	_____	_____	_____	_____	_____
_____	_____	_____	_____	_____	_____
_____	_____	_____	_____	_____	_____

DORMIRE

AM			PM		
Inizio	Fine	Durata	Inizio	Fine	Durata
_____	_____	_____	_____	_____	_____
_____	_____	_____	_____	_____	_____
_____	_____	_____	_____	_____	_____
_____	_____	_____	_____	_____	_____
_____	_____	_____	_____	_____	_____

PANNOLIN

Pipì/cacca	Tempo	Pipì/cacca	Tempo
○ ○	_____	○ ○	_____
○ ○	_____	○ ○	_____
○ ○	_____	○ ○	_____

NOTE SULL'ATTIVITÀ

Libro di bordo del neonato

STATO D'ANIMO DEL BAMBINO 😁 ☹️ 😌 😐 😠 **DATA** _____

CIBO

AM

Tempo	Cibo	Importo
_____	_____	_____
_____	_____	_____
_____	_____	_____
_____	_____	_____
_____	_____	_____
_____	_____	_____

PM

Tempo	Cibo	Importo
_____	_____	_____
_____	_____	_____
_____	_____	_____
_____	_____	_____
_____	_____	_____
_____	_____	_____

DORMIRE

AM

Inizio	Fine	Durata
_____	_____	_____
_____	_____	_____
_____	_____	_____
_____	_____	_____
_____	_____	_____

PM

Inizio	Fine	Durata
_____	_____	_____
_____	_____	_____
_____	_____	_____
_____	_____	_____
_____	_____	_____

PANNOLIN

Pipì/cacca	Tempo		Pipì/cacca	Tempo
○ ○	_____		○ ○	_____
○ ○	_____		○ ○	_____
○ ○	_____		○ ○	_____

NOTE SULL'ATTIVITÀ

_____
_____
_____
_____
_____

Libro di bordo del neonato

STATO D'ANIMO DEL BAMBINO 😁 ☹️ 😌 😐 😠   **DATA**

CIBO

AM			**PM**		
Tempo	Cibo	Importo	Tempo	Cibo	Importo
___	___	___	___	___	___
___	___	___	___	___	___
___	___	___	___	___	___
___	___	___	___	___	___
___	___	___	___	___	___

DORMIRE

AM			**PM**		
Inizio	Fine	Durata	Inizio	Fine	Durata
___	___	___	___	___	___
___	___	___	___	___	___
___	___	___	___	___	___
___	___	___	___	___	___

PANNOLIN

Pipì/cacca	Tempo	Pipì/cacca	Tempo
○ ○	___	○ ○	___
○ ○	___	○ ○	___
○ ○	___	○ ○	___

NOTE SULL'ATTIVITÀ

Libro di bordo del neonato

STATO D'ANIMO DEL BAMBINO 😁 ☹️ 😌 😐 😠   **DATA**

CIBO

AM			PM		
Tempo	Cibo	Importo	Tempo	Cibo	Importo
___	___	___	___	___	___
___	___	___	___	___	___
___	___	___	___	___	___
___	___	___	___	___	___
___	___	___	___	___	___

DORMIRE

AM			PM		
Inizio	Fine	Durata	Inizio	Fine	Durata
___	___	___	___	___	___
___	___	___	___	___	___
___	___	___	___	___	___
___	___	___	___	___	___
___	___	___	___	___	___

PANNOLIN

Pipì/cacca	Tempo	Pipì/cacca	Tempo
○ ○	___	○ ○	___
○ ○	___	○ ○	___
○ ○	___	○ ○	___

NOTE SULL'ATTIVITÀ

Libro di bordo del neonato

STATO D'ANIMO DEL BAMBINO 😁 ☹️ 😌 😐 😠 **DATA**

CIBO

	AM			PM	
Tempo	Cibo	Importo	Tempo	Cibo	Importo
_____	_____	_____	_____	_____	_____
_____	_____	_____	_____	_____	_____
_____	_____	_____	_____	_____	_____
_____	_____	_____	_____	_____	_____
_____	_____	_____	_____	_____	_____
_____	_____	_____	_____	_____	_____

DORMIRE

	AM			PM	
Inizio	Fine	Durata	Inizio	Fine	Durata
_____	_____	_____	_____	_____	_____
_____	_____	_____	_____	_____	_____
_____	_____	_____	_____	_____	_____
_____	_____	_____	_____	_____	_____
_____	_____	_____	_____	_____	_____

PANNOLIN

Pipì/cacca Tempo   Pipì/cacca Tempo
○ ○ _____   ○ ○ _____
○ ○ _____   ○ ○ _____
○ ○ _____   ○ ○ _____

NOTE SULL'ATTIVITÀ

Libro di bordo del neonato

STATO D'ANIMO DEL BAMBINO 😁 ☹️ 😌 😐 😠   **DATA**

CIBO

AM			PM		
Tempo	Cibo	Importo	Tempo	Cibo	Importo
___	___	___	___	___	___
___	___	___	___	___	___
___	___	___	___	___	___
___	___	___	___	___	___
___	___	___	___	___	___

DORMIRE

AM			PM		
Inizio	Fine	Durata	Inizio	Fine	Durata
___	___	___	___	___	___
___	___	___	___	___	___
___	___	___	___	___	___
___	___	___	___	___	___
___	___	___	___	___	___

PANNOLIN

Pipì/cacca	Tempo	Pipì/cacca	Tempo
○ ○	___	○ ○	___
○ ○	___	○ ○	___
○ ○	___	○ ○	___

NOTE SULL'ATTIVITÀ

Libro di bordo del neonato

STATO D'ANIMO DEL BAMBINO 😁 ☹️ 😌 😐 😠 **DATA**

CIBO

AM			PM		
Tempo	Cibo	Importo	Tempo	Cibo	Importo
___	___	___	___	___	___
___	___	___	___	___	___
___	___	___	___	___	___
___	___	___	___	___	___
___	___	___	___	___	___
___	___	___	___	___	___

DORMIRE

AM			PM		
Inizio	Fine	Durata	Inizio	Fine	Durata
___	___	___	___	___	___
___	___	___	___	___	___
___	___	___	___	___	___
___	___	___	___	___	___
___	___	___	___	___	___

PANNOLIN

Pipì/cacca	Tempo	Pipì/cacca	Tempo
○ ○	___	○ ○	___
○ ○	___	○ ○	___
○ ○	___	○ ○	___

NOTE SULL'ATTIVITÀ

Libro di bordo del neonato

STATO D'ANIMO DEL BAMBINO 😁 ☹️ 😌 😐 😠 **DATA** ☐

CIBO

AM

Tempo	Cibo	Importo
___	___	___
___	___	___
___	___	___
___	___	___
___	___	___
___	___	___

PM

Tempo	Cibo	Importo
___	___	___
___	___	___
___	___	___
___	___	___
___	___	___
___	___	___

DORMIRE

AM

Inizio	Fine	Durata
___	___	___
___	___	___
___	___	___
___	___	___
___	___	___

PM

Inizio	Fine	Durata
___	___	___
___	___	___
___	___	___
___	___	___
___	___	___

PANNOLIN

Pipì/cacca	Tempo		Pipì/cacca	Tempo
○ ○	___		○ ○	___
○ ○	___		○ ○	___
○ ○	___		○ ○	___

NOTE SULL'ATTIVITÀ

☐

Libro di bordo del neonato

STATO D'ANIMO DEL BAMBINO 😁 ☹️ 😌 😐 😠 **DATA**

CIBO

AM			PM		
Tempo	Cibo	Importo	Tempo	Cibo	Importo
___	___	___	___	___	___
___	___	___	___	___	___
___	___	___	___	___	___
___	___	___	___	___	___
___	___	___	___	___	___

DORMIRE

AM			PM		
Inizio	Fine	Durata	Inizio	Fine	Durata
___	___	___	___	___	___
___	___	___	___	___	___
___	___	___	___	___	___
___	___	___	___	___	___

PANNOLIN

Pipì/cacca	Tempo	Pipì/cacca	Tempo
○ ○	___	○ ○	___
○ ○	___	○ ○	___
○ ○	___	○ ○	___

NOTE SULL'ATTIVITÀ

Libro di bordo del neonato

STATO D'ANIMO DEL BAMBINO 😁 🙁 😌 😐 😠   **DATA**

CIBO

AM				PM		
Tempo	Cibo	Importo		Tempo	Cibo	Importo
_____	_____	_____		_____	_____	_____
_____	_____	_____		_____	_____	_____
_____	_____	_____		_____	_____	_____
_____	_____	_____		_____	_____	_____
_____	_____	_____		_____	_____	_____

DORMIRE

AM				PM		
Inizio	Fine	Durata		Inizio	Fine	Durata
_____	_____	_____		_____	_____	_____
_____	_____	_____		_____	_____	_____
_____	_____	_____		_____	_____	_____
_____	_____	_____		_____	_____	_____
_____	_____	_____		_____	_____	_____

PANNOLIN

Pipì/cacca	Tempo		Pipì/cacca	Tempo
○ ○	_____		○ ○	_____
○ ○	_____		○ ○	_____
○ ○	_____		○ ○	_____

NOTE SULL'ATTIVITÀ

Libro di bordo del neonato

STATO D'ANIMO DEL BAMBINO 😁 ☹️ 😌 😐 😠   **DATA** ___

CIBO

AM			PM		
Tempo	Cibo	Importo	Tempo	Cibo	Importo
___	___	___	___	___	___
___	___	___	___	___	___
___	___	___	___	___	___
___	___	___	___	___	___
___	___	___	___	___	___

DORMIRE

AM			PM		
Inizio	Fine	Durata	Inizio	Fine	Durata
___	___	___	___	___	___
___	___	___	___	___	___
___	___	___	___	___	___
___	___	___	___	___	___
___	___	___	___	___	___

PANNOLIN

Pipì/cacca	Tempo	Pipì/cacca	Tempo
○ ○	___	○ ○	___
○ ○	___	○ ○	___
○ ○	___	○ ○	___

NOTE SULL'ATTIVITÀ

Libro di bordo del neonato

STATO D'ANIMO DEL BAMBINO 😁 ☹ 😌 😐 😠   **DATA** ☐

CIBO

AM			PM		
Tempo	Cibo	Importo	Tempo	Cibo	Importo
___	___	___	___	___	___
___	___	___	___	___	___
___	___	___	___	___	___
___	___	___	___	___	___
___	___	___	___	___	___
___	___	___	___	___	___

DORMIRE

AM			PM		
Inizio	Fine	Durata	Inizio	Fine	Durata
___	___	___	___	___	___
___	___	___	___	___	___
___	___	___	___	___	___
___	___	___	___	___	___
___	___	___	___	___	___

PANNOLIN

Pipì/cacca	Tempo	Pipì/cacca	Tempo
○ ○	___	○ ○	___
○ ○	___	○ ○	___
○ ○	___	○ ○	___

NOTE SULL'ATTIVITÀ

Libro di bordo del neonato

STATO D'ANIMO DEL BAMBINO 😁 ☹️ 😌 😐 😠 **DATA**

CIBO

AM			PM		
Tempo	Cibo	Importo	Tempo	Cibo	Importo
___	___	___	___	___	___
___	___	___	___	___	___
___	___	___	___	___	___
___	___	___	___	___	___
___	___	___	___	___	___
___	___	___	___	___	___

DORMIRE

AM			PM		
Inizio	Fine	Durata	Inizio	Fine	Durata
___	___	___	___	___	___
___	___	___	___	___	___
___	___	___	___	___	___
___	___	___	___	___	___
___	___	___	___	___	___

PANNOLIN

Pipì/cacca	Tempo	Pipì/cacca	Tempo
O O	___	O O	___
O O	___	O O	___
O O	___	O O	___

NOTE SULL'ATTIVITÀ

Libro di bordo del neonato

STATO D'ANIMO DEL BAMBINO 😁 ☹️ 😌 😐 😠   **DATA**

CIBO

AM			PM		
Tempo	Cibo	Importo	Tempo	Cibo	Importo
___	___	___	___	___	___
___	___	___	___	___	___
___	___	___	___	___	___
___	___	___	___	___	___
___	___	___	___	___	___

DORMIRE

AM			PM		
Inizio	Fine	Durata	Inizio	Fine	Durata
___	___	___	___	___	___
___	___	___	___	___	___
___	___	___	___	___	___
___	___	___	___	___	___

PANNOLIN

Pipì/cacca	Tempo	Pipì/cacca	Tempo
○ ○	___	○ ○	___
○ ○	___	○ ○	___
○ ○	___	○ ○	___

NOTE SULL'ATTIVITÀ

Libro di bordo del neonato

STATO D'ANIMO DEL BAMBINO 😁 ☹ 😌 😐 😠 **DATA**

CIBO

	AM			PM	
Tempo	Cibo	Importo	Tempo	Cibo	Importo
___	___	___	___	___	___
___	___	___	___	___	___
___	___	___	___	___	___
___	___	___	___	___	___
___	___	___	___	___	___
___	___	___	___	___	___

DORMIRE

	AM			PM	
Inizio	Fine	Durata	Inizio	Fine	Durata
___	___	___	___	___	___
___	___	___	___	___	___
___	___	___	___	___	___
___	___	___	___	___	___
___	___	___	___	___	___

PANNOLIN

Pipì/cacca	Tempo		Pipì/cacca	Tempo
○ ○	___		○ ○	___
○ ○	___		○ ○	___
○ ○	___		○ ○	___

NOTE SULL'ATTIVITÀ

Libro di bordo del neonato

STATO D'ANIMO DEL BAMBINO 😁 ☹️ 😌 😐 😠   **DATA** ____

CIBO

AM			PM		
Tempo	Cibo	Importo	Tempo	Cibo	Importo
___	___	___	___	___	___
___	___	___	___	___	___
___	___	___	___	___	___
___	___	___	___	___	___
___	___	___	___	___	___
___	___	___	___	___	___

DORMIRE

AM			PM		
Inizio	Fine	Durata	Inizio	Fine	Durata
___	___	___	___	___	___
___	___	___	___	___	___
___	___	___	___	___	___
___	___	___	___	___	___
___	___	___	___	___	___

PANNOLIN

Pipì/cacca	Tempo	Pipì/cacca	Tempo
○ ○	___	○ ○	___
○ ○	___	○ ○	___
○ ○	___	○ ○	___

NOTE SULL'ATTIVITÀ

Libro di bordo del neonato

STATO D'ANIMO DEL BAMBINO 😁 ☹️ 😌 😐 😠 **DATA**

CIBO

	AM			PM	
Tempo	Cibo	Importo	Tempo	Cibo	Importo
_____	_____	_____	_____	_____	_____
_____	_____	_____	_____	_____	_____
_____	_____	_____	_____	_____	_____
_____	_____	_____	_____	_____	_____
_____	_____	_____	_____	_____	_____

DORMIRE

AM			PM		
Inizio	Fine	Durata	Inizio	Fine	Durata
_____	_____	_____	_____	_____	_____
_____	_____	_____	_____	_____	_____
_____	_____	_____	_____	_____	_____
_____	_____	_____	_____	_____	_____

PANNOLIN

Pipì/cacca	Tempo	Pipì/cacca	Tempo
○ ○	_____	○ ○	_____
○ ○	_____	○ ○	_____
○ ○	_____	○ ○	_____

NOTE SULL'ATTIVITÀ

Libro di bordo del neonato

STATO D'ANIMO DEL BAMBINO 😁 ☹ 😌 😐 😠 **DATA**

CIBO

AM			PM		
Tempo	Cibo	Importo	Tempo	Cibo	Importo
___	___	___	___	___	___
___	___	___	___	___	___
___	___	___	___	___	___
___	___	___	___	___	___
___	___	___	___	___	___

DORMIRE

AM			PM		
Inizio	Fine	Durata	Inizio	Fine	Durata
___	___	___	___	___	___
___	___	___	___	___	___
___	___	___	___	___	___
___	___	___	___	___	___
___	___	___	___	___	___

PANNOLIN

Pipì/cacca	Tempo	Pipì/cacca	Tempo
○ ○	___	○ ○	___
○ ○	___	○ ○	___
○ ○	___	○ ○	___

NOTE SULL'ATTIVITÀ

Libro di bordo del neonato

STATO D'ANIMO DEL BAMBINO 😁 ☹️ 😌 😐 😠   **DATA**

CIBO

AM			PM		
Tempo	Cibo	Importo	Tempo	Cibo	Importo
___	___	___	___	___	___
___	___	___	___	___	___
___	___	___	___	___	___
___	___	___	___	___	___
___	___	___	___	___	___

DORMIRE

AM			PM		
Inizio	Fine	Durata	Inizio	Fine	Durata
___	___	___	___	___	___
___	___	___	___	___	___
___	___	___	___	___	___
___	___	___	___	___	___

PANNOLIN

Pipì/cacca	Tempo	Pipì/cacca	Tempo
○ ○	___	○ ○	___
○ ○	___	○ ○	___
○ ○	___	○ ○	___

NOTE SULL'ATTIVITÀ

Libro di bordo del neonato

STATO D'ANIMO DEL BAMBINO 😀 ☹️ 😌 😐 😠

DATA

CIBO

AM

Tempo	Cibo	Importo
___	___	___
___	___	___
___	___	___
___	___	___
___	___	___
___	___	___

PM

Tempo	Cibo	Importo
___	___	___
___	___	___
___	___	___
___	___	___
___	___	___
___	___	___

DORMIRE

AM

Inizio	Fine	Durata
___	___	___
___	___	___
___	___	___
___	___	___
___	___	___

PM

Inizio	Fine	Durata
___	___	___
___	___	___
___	___	___
___	___	___
___	___	___

PANNOLIN

Pipì/cacca	Tempo
○ ○	___
○ ○	___
○ ○	___

Pipì/cacca	Tempo
○ ○	___
○ ○	___
○ ○	___

NOTE SULL'ATTIVITÀ

Libro di bordo del neonato

STATO D'ANIMO DEL BAMBINO 😁 ☹️ 😌 😐 😠 **DATA** _____

CIBO

AM			PM		
Tempo	Cibo	Importo	Tempo	Cibo	Importo
____	____	____	____	____	____
____	____	____	____	____	____
____	____	____	____	____	____
____	____	____	____	____	____
____	____	____	____	____	____

DORMIRE

AM			PM		
Inizio	Fine	Durata	Inizio	Fine	Durata
____	____	____	____	____	____
____	____	____	____	____	____
____	____	____	____	____	____
____	____	____	____	____	____

PANNOLIN

Pipì/cacca	Tempo	Pipì/cacca	Tempo
○ ○	____	○ ○	____
○ ○	____	○ ○	____
○ ○	____	○ ○	____

NOTE SULL'ATTIVITÀ

_____
_____
_____
_____
_____

Libro di bordo del neonato

STATO D'ANIMO DEL BAMBINO 😁 ☹️ 😌 😐 😠 **DATA**

CIBO

AM			PM		
Tempo	Cibo	Importo	Tempo	Cibo	Importo
___	___	___	___	___	___
___	___	___	___	___	___
___	___	___	___	___	___
___	___	___	___	___	___
___	___	___	___	___	___

DORMIRE

AM			PM		
Inizio	Fine	Durata	Inizio	Fine	Durata
___	___	___	___	___	___
___	___	___	___	___	___
___	___	___	___	___	___
___	___	___	___	___	___
___	___	___	___	___	___

PANNOLIN

Pipì/cacca	Tempo	Pipì/cacca	Tempo
○ ○	___	○ ○	___
○ ○	___	○ ○	___
○ ○	___	○ ○	___

NOTE SULL'ATTIVITÀ

Libro di bordo del neonato

STATO D'ANIMO DEL BAMBINO 😁 ☹️ 😌 😐 😠   **DATA** _____

CIBO

	AM			PM	
Tempo	Cibo	Importo	Tempo	Cibo	Importo
_____	_____	_____	_____	_____	_____
_____	_____	_____	_____	_____	_____
_____	_____	_____	_____	_____	_____
_____	_____	_____	_____	_____	_____
_____	_____	_____	_____	_____	_____

DORMIRE

	AM			PM	
Inizio	Fine	Durata	Inizio	Fine	Durata
_____	_____	_____	_____	_____	_____
_____	_____	_____	_____	_____	_____
_____	_____	_____	_____	_____	_____
_____	_____	_____	_____	_____	_____
_____	_____	_____	_____	_____	_____

PANNOLIN

Pipì/cacca	Tempo	Pipì/cacca	Tempo
○ ○	_____	○ ○	_____
○ ○	_____	○ ○	_____
○ ○	_____	○ ○	_____

NOTE SULL'ATTIVITÀ

_____
_____
_____
_____

Libro di bordo del neonato

STATO D'ANIMO DEL BAMBINO 😁 ☹️ 😌 😐 😠   **DATA** ☐

CIBO

AM			PM		
Tempo	Cibo	Importo	Tempo	Cibo	Importo
___	___	___	___	___	___
___	___	___	___	___	___
___	___	___	___	___	___
___	___	___	___	___	___
___	___	___	___	___	___
___	___	___	___	___	___

DORMIRE

AM			PM		
Inizio	Fine	Durata	Inizio	Fine	Durata
___	___	___	___	___	___
___	___	___	___	___	___
___	___	___	___	___	___
___	___	___	___	___	___
___	___	___	___	___	___

PANNOLIN

Pipì/cacca	Tempo	Pipì/cacca	Tempo
○ ○	___	○ ○	___
○ ○	___	○ ○	___
○ ○	___	○ ○	___

NOTE SULL'ATTIVITÀ

Libro di bordo del neonato

STATO D'ANIMO DEL BAMBINO 😁 ☹️ 😌 😐 😠 **DATA**

CIBO

AM			PM		
Tempo	Cibo	Importo	Tempo	Cibo	Importo
___	___	___	___	___	___
___	___	___	___	___	___
___	___	___	___	___	___
___	___	___	___	___	___
___	___	___	___	___	___
___	___	___	___	___	___

DORMIRE

AM			PM		
Inizio	Fine	Durata	Inizio	Fine	Durata
___	___	___	___	___	___
___	___	___	___	___	___
___	___	___	___	___	___
___	___	___	___	___	___
___	___	___	___	___	___

PANNOLIN

Pipì/cacca	Tempo	Pipì/cacca	Tempo
○ ○	___	○ ○	___
○ ○	___	○ ○	___
○ ○	___	○ ○	___

NOTE SULL'ATTIVITÀ

Libro di bordo del neonato

STATO D'ANIMO DEL BAMBINO 😁 ☹️ 😌 😐 😠 **DATA**

CIBO

AM			PM		
Tempo	Cibo	Importo	Tempo	Cibo	Importo

DORMIRE

AM			PM		
Inizio	Fine	Durata	Inizio	Fine	Durata

PANNOLIN

Pipì/cacca	Tempo		Pipì/cacca	Tempo
○ ○			○ ○	
○ ○			○ ○	
○ ○			○ ○	

NOTE SULL'ATTIVITÀ

Libro di bordo del neonato

STATO D'ANIMO DEL BAMBINO 😁 ☹ 😌 😐 😠 **DATA**

CIBO

AM			PM		
Tempo	Cibo	Importo	Tempo	Cibo	Importo
_____	_____	_____	_____	_____	_____
_____	_____	_____	_____	_____	_____
_____	_____	_____	_____	_____	_____
_____	_____	_____	_____	_____	_____
_____	_____	_____	_____	_____	_____

DORMIRE

AM			PM		
Inizio	Fine	Durata	Inizio	Fine	Durata
_____	_____	_____	_____	_____	_____
_____	_____	_____	_____	_____	_____
_____	_____	_____	_____	_____	_____
_____	_____	_____	_____	_____	_____
_____	_____	_____	_____	_____	_____

PANNOLIN

Pipì/cacca	Tempo	Pipì/cacca	Tempo
○ ○	_____	○ ○	_____
○ ○	_____	○ ○	_____
○ ○	_____	○ ○	_____

NOTE SULL'ATTIVITÀ

Libro di bordo del neonato

STATO D'ANIMO DEL BAMBINO 😁 ☹️ 😌 😐 😠   **DATA**

CIBO

AM			PM		
Tempo	Cibo	Importo	Tempo	Cibo	Importo
___	___	___	___	___	___
___	___	___	___	___	___
___	___	___	___	___	___
___	___	___	___	___	___
___	___	___	___	___	___

DORMIRE

AM			PM		
Inizio	Fine	Durata	Inizio	Fine	Durata
___	___	___	___	___	___
___	___	___	___	___	___
___	___	___	___	___	___
___	___	___	___	___	___
___	___	___	___	___	___

PANNOLIN

Pipì/cacca	Tempo	Pipì/cacca	Tempo
O O	___	O O	___
O O	___	O O	___
O O	___	O O	___

NOTE SULL'ATTIVITÀ

Libro di bordo del neonato

STATO D'ANIMO DEL BAMBINO 😁 ☹️ 😌 😐 😠 **DATA**

CIBO

AM				PM		
Tempo	Cibo	Importo		Tempo	Cibo	Importo
_____	_____	_____		_____	_____	_____
_____	_____	_____		_____	_____	_____
_____	_____	_____		_____	_____	_____
_____	_____	_____		_____	_____	_____
_____	_____	_____		_____	_____	_____

DORMIRE

AM				PM		
Inizio	Fine	Durata		Inizio	Fine	Durata
_____	_____	_____		_____	_____	_____
_____	_____	_____		_____	_____	_____
_____	_____	_____		_____	_____	_____
_____	_____	_____		_____	_____	_____
_____	_____	_____		_____	_____	_____

PANNOLIN

Pipì/cacca	Tempo		Pipì/cacca	Tempo
○ ○	_____		○ ○	_____
○ ○	_____		○ ○	_____
○ ○	_____		○ ○	_____

NOTE SULL'ATTIVITÀ

Libro di bordo del neonato

STATO D'ANIMO DEL BAMBINO 😁 ☹️ 😌 😐 😠   **DATA** _____

CIBO

AM			PM		
Tempo	Cibo	Importo	Tempo	Cibo	Importo
____	____	____	____	____	____
____	____	____	____	____	____
____	____	____	____	____	____
____	____	____	____	____	____
____	____	____	____	____	____
____	____	____	____	____	____

DORMIRE

AM			PM		
Inizio	Fine	Durata	Inizio	Fine	Durata
____	____	____	____	____	____
____	____	____	____	____	____
____	____	____	____	____	____
____	____	____	____	____	____
____	____	____	____	____	____

PANNOLIN

Pipì/cacca	Tempo	Pipì/cacca	Tempo
○ ○	____	○ ○	____
○ ○	____	○ ○	____
○ ○	____	○ ○	____

NOTE SULL'ATTIVITÀ

Libro di bordo del neonato

STATO D'ANIMO DEL BAMBINO 😁 ☹️ 😌 😐 😠 **DATA**

CIBO

AM			PM		
Tempo	Cibo	Importo	Tempo	Cibo	Importo
_____	_____	_____	_____	_____	_____
_____	_____	_____	_____	_____	_____
_____	_____	_____	_____	_____	_____
_____	_____	_____	_____	_____	_____
_____	_____	_____	_____	_____	_____

DORMIRE

AM			PM		
Inizio	Fine	Durata	Inizio	Fine	Durata
_____	_____	_____	_____	_____	_____
_____	_____	_____	_____	_____	_____
_____	_____	_____	_____	_____	_____
_____	_____	_____	_____	_____	_____
_____	_____	_____	_____	_____	_____

PANNOLIN

Pipì/cacca	Tempo		Pipì/cacca	Tempo
○ ○	_____		○ ○	_____
○ ○	_____		○ ○	_____
○ ○	_____		○ ○	_____

NOTE SULL'ATTIVITÀ

Libro di bordo del neonato

STATO D'ANIMO DEL BAMBINO 😁 ☹️ 😌 😐 😠   **DATA**

CIBO

AM
Tempo	Cibo	Importo

PM
Tempo	Cibo	Importo

DORMIRE

AM
Inizio	Fine	Durata

PM
Inizio	Fine	Durata

PANNOLIN

Pipì/cacca	Tempo		Pipì/cacca	Tempo
○ ○			○ ○	
○ ○			○ ○	
○ ○			○ ○	

NOTE SULL'ATTIVITÀ

Libro di bordo del neonato

STATO D'ANIMO DEL BAMBINO 😁 ☹️ 😌 😐 😠   **DATA**

CIBO

	AM			PM	
Tempo	Cibo	Importo	Tempo	Cibo	Importo
___	___	___	___	___	___
___	___	___	___	___	___
___	___	___	___	___	___
___	___	___	___	___	___
___	___	___	___	___	___
___	___	___	___	___	___

DORMIRE

	AM			PM	
Inizio	Fine	Durata	Inizio	Fine	Durata
___	___	___	___	___	___
___	___	___	___	___	___
___	___	___	___	___	___
___	___	___	___	___	___
___	___	___	___	___	___

PANNOLIN

Pipì/cacca	Tempo	Pipì/cacca	Tempo
O O	___	O O	___
O O	___	O O	___
O O	___	O O	___

NOTE SULL'ATTIVITÀ

Libro di bordo del neonato

STATO D'ANIMO DEL BAMBINO 😁 ☹️ 😌 😐 😠   **DATA**

CIBO

AM			PM		
Tempo	Cibo	Importo	Tempo	Cibo	Importo
___	___	___	___	___	___
___	___	___	___	___	___
___	___	___	___	___	___
___	___	___	___	___	___
___	___	___	___	___	___

DORMIRE

AM			PM		
Inizio	Fine	Durata	Inizio	Fine	Durata
___	___	___	___	___	___
___	___	___	___	___	___
___	___	___	___	___	___
___	___	___	___	___	___
___	___	___	___	___	___

PANNOLIN

Pipì/cacca	Tempo	Pipì/cacca	Tempo
○ ○	___	○ ○	___
○ ○	___	○ ○	___
○ ○	___	○ ○	___

NOTE SULL'ATTIVITÀ

Libro di bordo del neonato

STATO D'ANIMO DEL BAMBINO 😁 ☹️ 😌 😐 😠   **DATA** _____

CIBO

	AM			PM	
Tempo	Cibo	Importo	Tempo	Cibo	Importo
_____	_____	_____	_____	_____	_____
_____	_____	_____	_____	_____	_____
_____	_____	_____	_____	_____	_____
_____	_____	_____	_____	_____	_____
_____	_____	_____	_____	_____	_____

DORMIRE

	AM			PM	
Inizio	Fine	Durata	Inizio	Fine	Durata
_____	_____	_____	_____	_____	_____
_____	_____	_____	_____	_____	_____
_____	_____	_____	_____	_____	_____
_____	_____	_____	_____	_____	_____
_____	_____	_____	_____	_____	_____

PANNOLIN

Pipì/cacca	Tempo		Pipì/cacca	Tempo
○ ○	_____		○ ○	_____
○ ○	_____		○ ○	_____
○ ○	_____		○ ○	_____

NOTE SULL'ATTIVITÀ

_____
_____
_____
_____
_____

Libro di bordo del neonato

STATO D'ANIMO DEL BAMBINO 😁 ☹️ 😌 😐 😠 **DATA**

CIBO

AM			PM		
Tempo	Cibo	Importo	Tempo	Cibo	Importo
___	___	___	___	___	___
___	___	___	___	___	___
___	___	___	___	___	___
___	___	___	___	___	___
___	___	___	___	___	___
___	___	___	___	___	___

DORMIRE

AM			PM		
Inizio	Fine	Durata	Inizio	Fine	Durata
___	___	___	___	___	___
___	___	___	___	___	___
___	___	___	___	___	___
___	___	___	___	___	___
___	___	___	___	___	___

PANNOLIN

Pipì/cacca	Tempo	Pipì/cacca	Tempo
○ ○	___	○ ○	___
○ ○	___	○ ○	___
○ ○	___	○ ○	___

NOTE SULL'ATTIVITÀ

Libro di bordo del neonato

STATO D'ANIMO DEL BAMBINO 😁 ☹️ 😌 😐 😠 **DATA**

CIBO

AM			PM		
Tempo	Cibo	Importo	Tempo	Cibo	Importo
___	___	___	___	___	___
___	___	___	___	___	___
___	___	___	___	___	___
___	___	___	___	___	___
___	___	___	___	___	___

DORMIRE

AM			PM		
Inizio	Fine	Durata	Inizio	Fine	Durata
___	___	___	___	___	___
___	___	___	___	___	___
___	___	___	___	___	___
___	___	___	___	___	___

PANNOLIN

Pipì/cacca	Tempo	Pipì/cacca	Tempo
○ ○	___	○ ○	___
○ ○	___	○ ○	___
○ ○	___	○ ○	___

NOTE SULL'ATTIVITÀ

Libro di bordo del neonato

STATO D'ANIMO DEL BAMBINO 😁 ☹️ 😌 😐 😠   **DATA** _____

CIBO

AM

Tempo	Cibo	Importo
____	____	____
____	____	____
____	____	____
____	____	____
____	____	____
____	____	____

PM

Tempo	Cibo	Importo
____	____	____
____	____	____
____	____	____
____	____	____
____	____	____
____	____	____

DORMIRE

AM

Inizio	Fine	Durata
____	____	____
____	____	____
____	____	____
____	____	____
____	____	____
____	____	____

PM

Inizio	Fine	Durata
____	____	____
____	____	____
____	____	____
____	____	____
____	____	____
____	____	____

PANNOLIN

Pipì/cacca	Tempo
○ ○	____
○ ○	____
○ ○	____

Pipì/cacca	Tempo
○ ○	____
○ ○	____
○ ○	____

NOTE SULL'ATTIVITÀ

_____

Libro di bordo del neonato

STATO D'ANIMO DEL BAMBINO 😁 ☹ 😌 😐 😠 **DATA**

CIBO

AM			PM		
Tempo	Cibo	Importo	Tempo	Cibo	Importo
___	___	___	___	___	___
___	___	___	___	___	___
___	___	___	___	___	___
___	___	___	___	___	___
___	___	___	___	___	___

DORMIRE

AM			PM		
Inizio	Fine	Durata	Inizio	Fine	Durata
___	___	___	___	___	___
___	___	___	___	___	___
___	___	___	___	___	___
___	___	___	___	___	___
___	___	___	___	___	___

PANNOLIN

Pipì/cacca	Tempo	Pipì/cacca	Tempo
O O	___	O O	___
O O	___	O O	___
O O	___	O O	___

NOTE SULL'ATTIVITÀ

Libro di bordo del neonato

STATO D'ANIMO DEL BAMBINO 😁 ☹️ 😌 😐 😠   **DATA**

CIBO

AM
Tempo	Cibo	Importo

PM
Tempo	Cibo	Importo

DORMIRE

AM
Inizio	Fine	Durata

PM
Inizio	Fine	Durata

PANNOLIN

Pipì/cacca	Tempo		Pipì/cacca	Tempo
○ ○			○ ○	
○ ○			○ ○	
○ ○			○ ○	

NOTE SULL'ATTIVITÀ

Libro di bordo del neonato

STATO D'ANIMO DEL BAMBINO 😁 ☹️ 😌 😐 😠   **DATA** _____

CIBO

AM				PM		
Tempo	Cibo	Importo		Tempo	Cibo	Importo
_____	_____	_____		_____	_____	_____
_____	_____	_____		_____	_____	_____
_____	_____	_____		_____	_____	_____
_____	_____	_____		_____	_____	_____
_____	_____	_____		_____	_____	_____

DORMIRE

AM				PM		
Inizio	Fine	Durata		Inizio	Fine	Durata
_____	_____	_____		_____	_____	_____
_____	_____	_____		_____	_____	_____
_____	_____	_____		_____	_____	_____
_____	_____	_____		_____	_____	_____

PANNOLIN

Pipì/cacca	Tempo		Pipì/cacca	Tempo
○ ○	_____		○ ○	_____
○ ○	_____		○ ○	_____
○ ○	_____		○ ○	_____

NOTE SULL'ATTIVITÀ

_____
_____
_____
_____
_____

Libro di bordo del neonato

STATO D'ANIMO DEL BAMBINO 😁 ☹️ 😌 😐 😠 **DATA**

CIBO

AM			PM		
Tempo	Cibo	Importo	Tempo	Cibo	Importo
___	___	___	___	___	___
___	___	___	___	___	___
___	___	___	___	___	___
___	___	___	___	___	___
___	___	___	___	___	___
___	___	___	___	___	___

DORMIRE

AM			PM		
Inizio	Fine	Durata	Inizio	Fine	Durata
___	___	___	___	___	___
___	___	___	___	___	___
___	___	___	___	___	___
___	___	___	___	___	___
___	___	___	___	___	___

PANNOLIN

Pipì/cacca	Tempo	Pipì/cacca	Tempo
○ ○	___	○ ○	___
○ ○	___	○ ○	___
○ ○	___	○ ○	___

NOTE SULL'ATTIVITÀ

Libro di bordo del neonato

STATO D'ANIMO DEL BAMBINO 😁 ☹️ 😌 😐 😠 **DATA**

CIBO

AM			PM		
Tempo	Cibo	Importo	Tempo	Cibo	Importo
___	___	___	___	___	___
___	___	___	___	___	___
___	___	___	___	___	___
___	___	___	___	___	___
___	___	___	___	___	___

DORMIRE

AM			PM		
Inizio	Fine	Durata	Inizio	Fine	Durata
___	___	___	___	___	___
___	___	___	___	___	___
___	___	___	___	___	___
___	___	___	___	___	___

PANNOLIN

Pipì/cacca	Tempo	Pipì/cacca	Tempo
○ ○	___	○ ○	___
○ ○	___	○ ○	___
○ ○	___	○ ○	___

NOTE SULL'ATTIVITÀ

Libro di bordo del neonato

STATO D'ANIMO DEL BAMBINO 😁 ☹️ 😌 😐 😠   **DATA**

CIBO

AM			PM		
Tempo	Cibo	Importo	Tempo	Cibo	Importo
_____	_____	_____	_____	_____	_____
_____	_____	_____	_____	_____	_____
_____	_____	_____	_____	_____	_____
_____	_____	_____	_____	_____	_____
_____	_____	_____	_____	_____	_____

DORMIRE

AM			PM		
Inizio	Fine	Durata	Inizio	Fine	Durata
_____	_____	_____	_____	_____	_____
_____	_____	_____	_____	_____	_____
_____	_____	_____	_____	_____	_____
_____	_____	_____	_____	_____	_____

PANNOLIN

Pipì/cacca	Tempo	Pipì/cacca	Tempo
○ ○	_____	○ ○	_____
○ ○	_____	○ ○	_____
○ ○	_____	○ ○	_____

NOTE SULL'ATTIVITÀ

Libro di bordo del neonato

STATO D'ANIMO DEL BAMBINO 😁 ☹️ 😌 😐 😠   **DATA** _____

CIBO

AM			PM		
Tempo	Cibo	Importo	Tempo	Cibo	Importo
_____	_____	_____	_____	_____	_____
_____	_____	_____	_____	_____	_____
_____	_____	_____	_____	_____	_____
_____	_____	_____	_____	_____	_____
_____	_____	_____	_____	_____	_____
_____	_____	_____	_____	_____	_____

DORMIRE

AM			PM		
Inizio	Fine	Durata	Inizio	Fine	Durata
_____	_____	_____	_____	_____	_____
_____	_____	_____	_____	_____	_____
_____	_____	_____	_____	_____	_____
_____	_____	_____	_____	_____	_____
_____	_____	_____	_____	_____	_____

PANNOLIN

Pipì/cacca	Tempo	Pipì/cacca	Tempo
○ ○	_____	○ ○	_____
○ ○	_____	○ ○	_____
○ ○	_____	○ ○	_____

NOTE SULL'ATTIVITÀ

Libro di bordo del neonato

STATO D'ANIMO DEL BAMBINO 😁 ☹️ 😌 😐 😠   **DATA**

CIBO

AM			PM		
Tempo	Cibo	Importo	Tempo	Cibo	Importo
___	___	___	___	___	___
___	___	___	___	___	___
___	___	___	___	___	___
___	___	___	___	___	___
___	___	___	___	___	___

DORMIRE

AM			PM		
Inizio	Fine	Durata	Inizio	Fine	Durata
___	___	___	___	___	___
___	___	___	___	___	___
___	___	___	___	___	___
___	___	___	___	___	___
___	___	___	___	___	___

PANNOLIN

Pipì/cacca	Tempo	Pipì/cacca	Tempo
○ ○	___	○ ○	___
○ ○	___	○ ○	___
○ ○	___	○ ○	___

NOTE SULL'ATTIVITÀ

Libro di bordo del neonato

STATO D'ANIMO DEL BAMBINO 😁 ☹️ 😌 😐 😠 **DATA** ____

CIBO

	AM			PM	
Tempo	Cibo	Importo	Tempo	Cibo	Importo
_____	_____	_____	_____	_____	_____
_____	_____	_____	_____	_____	_____
_____	_____	_____	_____	_____	_____
_____	_____	_____	_____	_____	_____
_____	_____	_____	_____	_____	_____

DORMIRE

	AM			PM	
Inizio	Fine	Durata	Inizio	Fine	Durata
_____	_____	_____	_____	_____	_____
_____	_____	_____	_____	_____	_____
_____	_____	_____	_____	_____	_____
_____	_____	_____	_____	_____	_____

PANNOLIN

Pipì/cacca	Tempo	Pipì/cacca	Tempo
○ ○	_____	○ ○	_____
○ ○	_____	○ ○	_____
○ ○	_____	○ ○	_____

NOTE SULL'ATTIVITÀ

_____
_____
_____
_____
_____

Libro di bordo del neonato

STATO D'ANIMO DEL BAMBINO 😁 ☹️ 😌 😐 😠   **DATA**

CIBO

AM			PM		
Tempo	Cibo	Importo	Tempo	Cibo	Importo
___	___	___	___	___	___
___	___	___	___	___	___
___	___	___	___	___	___
___	___	___	___	___	___
___	___	___	___	___	___

DORMIRE

AM			PM		
Inizio	Fine	Durata	Inizio	Fine	Durata
___	___	___	___	___	___
___	___	___	___	___	___
___	___	___	___	___	___
___	___	___	___	___	___
___	___	___	___	___	___

PANNOLIN

Pipì/cacca	Tempo	Pipì/cacca	Tempo
○ ○	___	○ ○	___
○ ○	___	○ ○	___
○ ○	___	○ ○	___

NOTE SULL'ATTIVITÀ

Libro di bordo del neonato

STATO D'ANIMO DEL BAMBINO 😁 ☹️ 😌 😐 😠 **DATA**

CIBO

AM			PM		
Tempo	Cibo	Importo	Tempo	Cibo	Importo
———	———	———	———	———	———
———	———	———	———	———	———
———	———	———	———	———	———
———	———	———	———	———	———
———	———	———	———	———	———

DORMIRE

AM			PM		
Inizio	Fine	Durata	Inizio	Fine	Durata
———	———	———	———	———	———
———	———	———	———	———	———
———	———	———	———	———	———
———	———	———	———	———	———
———	———	———	———	———	———

PANNOLIN

Pipì/cacca	Tempo	Pipì/cacca	Tempo
⭕ ⭕	———	⭕ ⭕	———
⭕ ⭕	———	⭕ ⭕	———
⭕ ⭕	———	⭕ ⭕	———

NOTE SULL'ATTIVITÀ

Libro di bordo del neonato

STATO D'ANIMO DEL BAMBINO 😀 ☹️ 😌 😐 😠   **DATA**

CIBO

AM			PM		
Tempo	Cibo	Importo	Tempo	Cibo	Importo
_____	_____	_____	_____	_____	_____
_____	_____	_____	_____	_____	_____
_____	_____	_____	_____	_____	_____
_____	_____	_____	_____	_____	_____
_____	_____	_____	_____	_____	_____

DORMIRE

AM			PM		
Inizio	Fine	Durata	Inizio	Fine	Durata
_____	_____	_____	_____	_____	_____
_____	_____	_____	_____	_____	_____
_____	_____	_____	_____	_____	_____
_____	_____	_____	_____	_____	_____

PANNOLIN

Pipì/cacca	Tempo	Pipì/cacca	Tempo
○ ○	_____	○ ○	_____
○ ○	_____	○ ○	_____
○ ○	_____	○ ○	_____

NOTE SULL'ATTIVITÀ

www.ingramcontent.com/pod-product-compliance
Lightning Source LLC
Chambersburg PA
CBHW050257120526
44590CB00016B/2387